Dumm gelaufen ...

und alle rennen mit

Christoph Külzer-Schröder
Winfried Aufenanger

Die Begeisterung für das Laufen ist ungebrochen. Unverändert hält der Boom an und täglich begeistern sich mehr Menschen dafür, auf laufende Weise ihr Glück beim Sport zu erlangen.

Mehr als bei jeder anderen Sportart finden sich beim Laufen, Joggen und Rennen unterschiedlichste Menschentypen, die aus ebenso unterschiedlichen Motiven ihre Begeisterung für diesen Sport entdeckt haben.

Erfreulich auch, dass im literarischen Bereich die Nachfrage nach Büchern zum Thema Laufen unverändert hoch ist. Dies verwundert nicht, denn Sport und Literatur, das passt zusammen. Es gibt genügend Beispiele, in denen der Sport Stoff bietet für tolle Geschichten.

Und viele dieser Ereignisse sind einfach zu schade, um in Vergessenheit zu geraten.

Unter dem Motto „Dumm Gelaufen … und alle rennen mit" wurden Kurzgeschichten über Pleiten, Pech , Pannen und Kuriositäten rund um das Thema Laufen gesammelt. Der Phantasie waren hierbei keine Grenzen gesetzt.

Und dementsprechend phantasiereich und unterschiedlich sind die Geschichten, die uns schließlich aus dem gesamten Bundesgebiet erreicht haben.

Wie bei den aktiv Laufenden, bei denen das Spektrum vom Hobbyläufer/in bis hin zu Spitzensportlern reicht, so ist auch die Palette der im vorliegenden Band vertretenen Autorinnen und Autoren.

Von literarischen Ersttätern bis hin zu professionellen Autoren reicht die Bandbreite der Verfasserrinnen und Verfasser der unterschiedlichen Geschichten.

Wir denken, dieses breit angelegte Konzept von Geschichten über verschiedenste Facetten des Laufens ist gleichermaßen lustig wie auch spannend und vor allen Dingen recht unterhaltsam.

Und nun viel Spaß beim Lesen und Erleben der kuriosen Geschichten zum Thema Laufen.

Die Herausgeber

Winfried Aufenanger   Christoph Külzer-Schröder

Die Herausgeber

Winfried Aufenanger Christoph Külzer-Schröder

Vorwort

von Christoph Külzer-Schröder

und Winfried Aufenanger

Satz: Agon Sportverlag, Martina Backes
Illustrationen: Inka Schröder, Ahnatal
Fotos: Privatarchiv Külzer-Schröder, Ahnatal + Privatchiv Aufenanger, Kassel
                 Privatarchiv Hümpfner (Seite 37)
                 Privatarchiv Krahnert, Berlin (Seite 99)
                 Privatarchiv Küppers (Seiten 14, 20, 44)
                 Privatarchiv Westphal (Seite 51)
                 Archiv Möller, Hannover (Seiten 2, 3, 26, 32, 38, 104)
Einband: Werkstatt für creative Computeranwendungen Bringmann, Lohfelden
Druck: Westermann Druck, Zwickau

© 2003   by Agon Sportverlag
                 Frankfurter Straße 92a
                 D - 34121 Kassel

ISBN 3-89784-098-7

Dumm gelaufen …

und alle rennen mit

Christoph Külzer-Schröder
Winfried Aufenanger

Der ‚goldene Schuss'

von Theo Leimbach

Es beginnt mit einer Geschichte von Theo Leimbach aus Kassel, in der es so dumm gelaufen ist, wie es dümmer gar nicht sein kann. Theo Leimbach war über viele Jahre hinweg bundesweit als aktiver Sportler unterwegs. Von 1966 - 1971 startete er für den KSV Hessen Kassel, von 1971 bis 1980 für die LG Kassel Baunatal, und seither läuft er für den PSV Grün Weiß Kassel, für den er bis zu seinem Abschied vom Leistungssport startete. Bei solch einem langen Läuferleben gibt es eine Menge zu erzählen. In der folgenden Episode lässt Theo uns teilhaben an einem Trainingslauf und dem, was da so mitunter passieren kann.

Aus beruflichen Gründen war ich für vier Jahre nach Frankfurt versetzt worden. Um auch hier meinem geliebten Laufsport nachgehen zu können, schloss ich mich in dieser Zeit der Trainingsgruppe der Frankfurter Eintracht an.

Allabendlich war Treffpunkt das Stadion am Riederwald, wo sich auch an besagtem Tag cirka fünfzehn Läufer eingefunden hatten, um gemeinsam aus dem Stadion heraus und in Richtung Riederwald zu laufen.

Wir hatten gerade erst das Stadion verlassen, als aus unserem lockeren Tempo zum Warmlaufen bereits ein schneller Sprint wurde.

Grund für die unerwartete Tempoverschärfung war ein Karton, der, deutlich sichtbar ein Stück voraus, mitten auf dem Gehweg lag.

Nach dem Motto: „In jedem Läufer steckt auch ein Fußballer" wollte ein jeder von uns den Karton als Erster erreichen, um ihn mit einem gelungenen Spannschuss aus dem Weg zu räumen.

Charly war der Glückliche. Er erreichte die Pappe als Erster, holte zum Schuss aus und versetzte dem Karton einen schulmäßigen, kraftvollen Tritt, der manch einem Eintrachtspieler zur Ehre gereicht hätte.

Charly hatte es wirklich gut gemacht und optimal getroffen, aber der Karton hatte sich nicht einen Millimeter von der Stelle bewegt.

Ganz im Gegensatz zu dem unbewegten Karton allerdings unser Charly, der laut schreiend auf einem Bein umhersprang bis er sich fallen ließ und sein „Schussbein" mit beiden Händen umklammerte.

Was war denn nur geschehen? Wir sahen es beim näheren Betrachten des ungewöhnlichen Kartons. In ihm versteckt lag eine große 24-Volt–Autobatterie, und der hatte Charly ungebremst einen wilden Tritt versetzt.

Wie sich später herausstellte, hatte er sich dabei sämtliche Zehen des rechten Fußes gebrochen oder geprellt.

Das Trainingsprogramm an diesem Abend war anschließend nicht mehr sehr effektiv, nicht etwa aus Mitleid, nein, wir wurden noch Stunden später von Lachkrämpfen durchgeschüttelt.

Blind date in Berlin

von Martin Grüning

Nach diesem turbulenten Beginn nun eine Story, in der es zwar um ein etwas
ernsteres Thema geht, dieses jedoch einmal aus einem gänzlich unerwarteten
Blickwinkel beschrieben wird.
Erzählt wird sie von einem, dessen Name in der Laufszene bestens bekannt ist.
Als Redakteur der deutschen Ausgabe des bekannten Laufmagazins
RUNNERS WORLD ist Martin Grüning regelmäßig präsent bei den
zahlreichen Leserinnen und Lesern dieses Magazins.
In der folgenden Geschichte berichtet er von seinem langsamsten und
beschwerlichsten Marathonlauf, den er mit 3:48:44 Stunden in Berlin lief.

Ich hatte IHR eine Nachricht auf einem Anrufbeantworter unter einer Berliner Adresse hinterlassen, und Samstagabend klingelte mein Telefon: „Hello!" SIE war es. Eigentlich wolle sie ungern mit einem Mann laufen, sagte SIE kurz angebunden, aber wenn es denn sein müsse …

„See you at Ernst-Reuter-Platz" waren IHRE letzten Worte. Kurios.

Sonntagmorgen am Ernst-Reuter-Platz. Die U-Bahn-Fahrt war eine Qual und dann doch nicht. Die Bahn brechend voll und der Lange, der seine Jugend im täglichen Lauftraining und seinen rot gefärbten Haaren wiedergefunden zu haben schien, war permanent am Reden: „Sagt der Jogger zum Marathonläufer: Pass auf, ich überhole dich gleich!"

Hahaha! Witz verstanden? Ich auch nicht, aber der Lange grölt. Und der halbe Waggon mit. O.k., wir sind nun mal eben alle ein wenig nervös. Endlich öffnen sich die beschlagenen Türen, und wir strömen Richtung Frischluft.

Ernst-Reuter-Platz. Gewimmel, Getümmel, aber mein „Blind Date" ist nicht am verabredeten Platz. SIE ist eine erfahrene Marathonläuferin, kommt aus den USA, spricht gut deutsch, war schon einmal in Berlin und das Wichtigste - ist blind.

Wochen war es her, da schickte der Veranstalter des Berlin-Marathons, Horst Milde, eine Anfrage herum: Mitläufer für blinde Marathonläuferin aus den USA gesucht. Ich meldete mich. Das war der Anfang.

Und jetzt stehe ich noch immer am Ernst-Reuter-Platz und höre und sehe niemanden, der SIE sein könnte. Woran erkennt man eine blinde Läuferin eigentlich? Und wie kommt SIE zum Ernst-Reuter-Platz? Fragen über Fragen, während ich etwas orientierungslos meine Startnummer in den Fingern knete. Was ist, wenn SIE überhaupt nicht kommt? Es sind nur noch 20 Minuten bis zum Start, ich bewege mich ratlos zum letz-

ten Block. „SIE steht im weißen Block", hatte man mir bei der Startnummernausgabe am Vortag gesagt, und der weiße ist der hinterste Block. Am Eingang trete ich auf einen Ordner zu. Rote Berlin-Marathon-Jacke, keine Läuferfigur. „Haben Sie eine blinde Läuferin gesehen?" „Woran sollte ich sie erkannt haben?" fragt er zurück. Recht hat er:.Habe ich mich ja auch schon gefragt! „Vielleicht wurde sie an einem Strick geführt." Er schaut ungläubig. Er hat noch nie eine blinde Läuferin gesehen und weiß nicht, dass diese sich an einem kurzen Strick orientieren, der sie mit dem Begleiter verbindet. Und heute hat er erst recht keine blinde Läuferin gesehen.

Ich stehe am Einlass des weißen Blocks in der Hoffnung, dass SIE durch diese hohle Gasse kommen muss. Aber niemand kommt. Beziehungsweise, Tausende kommen, nur keine, die blind zu sein scheint. Irgendwann merke ich, dass ich auf dem Schlauch stehe. Denn erstens könnte SIE ja schon in den Block gegangen sein, bevor ich hier stand, und zweitens kann man den Block von beiden Seiten der „Straße des 17. Juni" betreten. Mist, verdammter!

Es wird Zeit. Ich schiebe mich zwischen die wärmenden Mitläufer und drängele mich suchend vorbei an trippelnden, trappelnden Trikots und Bustiers, immer die Augen auf die Hände der Wartenden gerichtet. Auf einmal ein lautes „Hello!" Blitzartig drehe ich mich um, sehe mich schon IHRE Hand schütteln, mich vorstellen und … es ist nur der Bauunternehmer. Herbert war mit mir schon mal beim Hongkong-Marathon. Er trägt einen leichten Wohlstandsbauch, ist trotzdem in hervorragender Verfassung und das Beste: immer bei bester Laune. Nein wirklich. Gerne erinnere ich mich an unsere Gespräche in Hongkong zurück, wo er mir von Dale Carnegie, seinem Traditions-Familienbetrieb, der Baubranche allgemein und seiner verpassten Midlife-Crisis erzählte. Das war ansteckend. Nicht dass ich deshalb jemals zu Carnegies Lektüre gegriffen, in die Baubranche gewechselt oder mich mit der Midlife-Krise auseinander gesetzt hätte, aber tatsächlich habe ich immer wieder mal an Herberts ansteckende Freundlichkeit gedacht. Also, lassen wir uns ein wenig auf den Randstein setzen, und steck mich noch mal an mit Deinem Lächeln, Herbert. Ach nein, geht nicht, ich muss weitersuchen: „Hast du eine blinde Läuferin gesehen?" Herbert hat nicht.

Herbert kommt nach 4:35 Stunden ins Ziel.

„New York, New York" schallt Frank Sinatra aus den Lautsprechern wenige Minuten vor dem Start. Kurz sind meine Gedanken nicht mehr bei der Suche und dann doch wieder. Und meine Phantasie geht mit mir ein paar Sekunden ganz furchtbar durch: Ich sehe ein Flugzeug auf das Starterfeld der Läuferinnen und Läufer zurasen. Schluss damit. Ich weiß, eigentlich zu grausam, um es in Worte zu fassen. Aber die Zeiten haben sich geändert.

Startschuss. Was bleibt mir anderes übrig. Ich laufe, und ich weiß in diesem Moment: Ich werde heute nicht aufgeben, SIE zu suchen. Das ist meine Motivation für die kommenden 42,195 Kilometer. Ich bin schon Marathons ziemlich schnell gerannt und den jeweils nächsten mit der Motivation, noch schneller zu laufen. Ich bin schon Marathons gaaaanz langsam gerannt, weil ich andere Mitläuferinnen und -läufer zu irgendeiner Zeit ziehen wollte. Eines bin ich allerdings nie: einen Marathon ohne irgendein Ziel gerannt. Dieses Mal laufe ich mit dem Ziel, eine blinde Läuferin zu finden. Hat doch was. Ich bin begeistert, stürme los! „Sie kann vier bis 4:30 Stunden laufen," hatte mir ein Mitglied der Organisation am Vorabend gesagt. „Super, das schränkt den Personenkreis, in dem ich suchen muss, schon mal gewaltig ein," schießt es mir durch den Kopf. Bleiben von 30000 Läufern ja nur noch 10000 übrig. Sollte ich vielleicht bis zum

Brandenburger Tor rasen und alle Läuferinnen und Läufer dieses Zeitbereichs auf der Suche passieren lassen? Keine Chance. Ich habe mich ganz hinten angestellt, und wir sind sieben Minuten später als der erste Teil des Feldes gestartet. Bis zu den 4:00-Stunden-Läufern schaffe ich es selbst beim schnellsten Rasen bis zum Brandenburger Tor nicht. Also langsam das Feld von hinten aufrollen.

Ich halte mich in der Mitte, um die „Straße des 17. Junis" rechts und links überblicken zu können, versuche Männer und Frauen an der Haarpracht auseinander zu halten – ein schwieriges Unterfangen.

Brandenburger Tor. Keine Staus, kein Gedrängel, obwohl nur drei der fünf Durchgänge wegen Baumaßnahmen geöffnet sind. Durch welchen Durchlass der Nahtstelle von Ost und West würde ich die blinde Mitläuferin geführt haben? Ich wähle den rechten, da ist am wenigsten los. Menschenmassen. Als ich hinten aus dem Tor herauskomme, schließe ich nur ein paar winzige Sekunden die Augen. Wooooow! Ich bekomme Angst. Ob SIE wohl auch Angst beim Laufen hat? Heute werde ich immer wieder mal den Blinden unter all den Einäugigen spielen, nehme ich mir vor und schließe sofort noch einmal winzige Momente lang die Augen. Andererseits, was verpasst SIE alles? Verpasst SIE was?

Unter den Linden. Die Prachtstraße Berlins. SIE verpasst was! Humboldt-Universität, Deutsche Staatsoper, Opern- und Kronprinzenpalais, Schlossbrücke, Berliner Dom. Das kann man nicht hören, das muss man sehen. Ich hätte es versucht zu beschreiben: Der Berliner Dom, nach der Wende restauriert … Hätte es SIE interessiert? Vielleicht wäre es so am schönsten gewesen: Ich hätte IHR meine visuellen Eindrücke geschildert und SIE mir IHRE auditiven.

Neben mir ein hoch aufgeschossener Läufer. Mindestens zwei Meter groß, weit über 100 Kilo schwer. Der hat doch einen guten Überblick. Ich nutze das Läufer-Du: „Hast du eine blinde Läuferin gesehen?" „Wie bitte?" Peter, Berlin, 1,94 m, 92 kg, hat keine blinde Läuferin gesehen, aber meint, dass er selbst ganz schön blind gewesen sein muss, sich zum Marathon angemeldet zu haben. Warum? „Ich bin zu groß und schwer," meint er. „Stimmt nicht," sage ich und schiele auf seine Füße. Aufatmen. Er hat die Beaster an. Mit den Schuhen kann man auch bei 92 Kilogramm Körpergewicht problemlos durch den Marathon kommen. Peter ist DJ, das steht für Disc-Jockey oder auf Deutsch: Scheibenaufleger. Da ich keine Ahnung von Musik habe, ist das Gespräch im Schatten des Fernsehturms schnell schleppend, aber Peter hat SIE ja auch nicht gesehen. „Tschüs!" Peter kommt knapp unter 4:40 ins Ziel.

Ich wechsele die Straßenseiten, mal rechts, mal links, um die Übersicht zu behalten, mache mir dabei keine Freunde. Schubs, hoppla. „Bist du blind?" fragt der schubsende Nachläufer. Wäre ich blind gewesen, hätte mich der Stoß von den Beinen gerissen. „Sind nur noch 35 Kilometer," versuche ich ihn zu ärgern. Er ist ein echter Berliner, genau so einer, wie wir ihn uns vorstellen. Schnauzbart, auf frecher Schnauze. Jörg will unter 4:00 Stunden bleiben und hat dafür hart trainiert – sagt er. Ich fühle ihm auf den Zahn. Wie viele lange Läufe? „Zwei!" sagt er. Wie viele Kilometer pro Woche? „Im Schnitt 20!" sagt er. Jörg, du schaffst die 4:00 Stunden nicht, denke ich, sage es aber nicht. „Hast du eine blinde Läuferin gesehen?" „Sicher," sagt er. „Wo? Wo?" Er lacht: „Hast du das ernst gemeint?" Ja, natürlich, denke ich, will es ihm aber nicht erklären. „Viel Glück, Jörg." Jörg kommt nicht ins Ziel.

Berliner Rathaus. Kilometer neun. „Rechts das Berliner Rathaus," hätte ich IHR erzählt und natürlich auf die roten Backsteine verwiesen, aber von denen hat SIE bestimmt schon hundertmal gehört.

Also hätte ich von der Nikolaikirche begonnen, die irgendwo dahinter liegt, und der Zeit Ende der achtziger Jahre, als wir Ossis und Wessis begannen, Ossis und Wessis zu werden. Was SIE allerdings viel mehr interessiert bzw. gehört hätte:

Es fällt auf, dass die Zuschauerreihen auch im ehemaligen Ostteil der Stadt mittlerweile geschlossen stehen. Das war in den letzten Jahren nicht immer so. Auffällige Zuschauerlücken auf dem ersten Streckendrittel hatten nicht nur mich munkeln lassen, dass die Zuschauerresonanz in Hamburg größer sei als in Berlin. Dieses Jahr gibt es nichts: Berlin ist nicht nur der viel teilnehmerstärkere Marathon, sondern auch der mit den meisten Zuschauern. Subjektive Einschätzung. SIE hätte einen Zuschauervergleich Hamburg – Berlin, wenn SIE denn beide gelaufen wäre, sicher objektiver fassen können. Ich schließe einige 100 Meter immer wieder Sekundenbruchteile die Augen: Links ist mehr los als rechts. Männer sind hörbarer als Frauen. Topfdeckel sind laut, aber grausam laut. Ich konzentriere mich auf die Geräusche der Läufer: kaum Worte, nur Schritte, Schritte.

Potsdamer Platz. Zum ersten Mal seit 1994 führt die Strecke wieder über den Potsdamer Platz. Kilometer zwölf. Hat sich das hier verändert! Ich hätte IHR von den verspiegelten Fassaden der modernen Hochbauten erzählt und SIE mir vielleicht vom kurzen Temperatursturz im Schatten von Hochhäusern. Und dann wäre mit mir wieder der angelesene Stadtführer durchgegangen: die Philharmonie, die Staatsbibliothek, die Nationalgalerie. Jetzt rollt's. Aber ich darf mein Ziel nicht aus den Augen verlieren.

„Hast du vielleicht eine blinde Frau gesehen?" Die Läuferin im Anzug wie Wurstpelle dreht sich weg. Soll wohl heißen: Was willst du denn? Anmache beim Lauf läuft nicht. Schade! Nächste: „Hast du vielleicht eine blinde Frau gesehen?" „Meinst du am Streckenrand, oder was?" „Nein unterwegs?" „Können Blinde auch laufen?" Saudumme Frage. Nichts wie weg hier.

Hasenheide. Kilometer 21. Ah, den kenne ich. Guido, Sportartikler, Triathlet, jung, selbstbewusst. Guido: „Wo ist Deine blinde Frau?" Guido, ich weiß es nicht. Soll ich ihm erzählen, was ich IHR erzählen wollte? Vom Jahndenkmal in der Hasenheide? Dass hier die Geburtsstätte des Turnens liegt. Soll ich ihm von Turnvater Jahn erzählen?

Guido ist ausgebildeter Sportlehrer, nachher weiß er alles besser, und ich muss mich von ihm belehren lassen. Niemals. Guido sieht auf dem Weg vom Bezirk Kreuzberg nach Schöneberg verdammt locker aus. „Bist du schon mal einen Marathon gerannt?" „Nur im Rahmen eines Triathlons." Was heißt da „nur"? Ich vergesse es zu fragen. Im kommenden Jahr will er es nach Hawaii schaffen, sich in Florida für den dortigen Ironman qualifizieren. Heute ist aber kurz nach der Streckenhälfte schon Schluss. Guido steigt bei Kilometer 25 aus. War so geplant. Die Arbeit ruft.

Rathaus Schöneberg. O.k., warum sollte ich es IHR nicht erzählt haben wollen? „Ick bin ein Bärlinör," rief Präsident John F. Kennedy damals nach dem Mauerbau vom früheren Sitz des West-Berliner Senats herunter. Heute heißt der Platz deshalb John-F.-Kennedy-Platz, und in diesen Tagen erinnern sich unsere Eltern besonders stark an die folgende amerikanische Luftbrücke, die sie jetzt so gewogen macht, den Amerikanern in diesen Krisenzeiten etwas an Unterstützung zurückzugeben. Mit einer Amerikanerin – ob blind oder sehend – über dieses Thema zu diskutieren, was würde mehr Sinn machen?

Aber wären wir nach Kilometer 26 noch dazu gekommen? Ich will SIE all dies fragen. Ich muss SIE finden. „Hast du schon eine blinde Läuferin gesehen?" „Ja," sagt der ältere Herr im sportiven Trikot. Was? Peter – noch ein Peter – läuft seinen 41. Marathon und will zum 31. Mal unter vier Stunden bleiben. Er hat gewaltig trainiert, war sogar bei einem unserer Laufseminare dabei und das Beste: Er hat eine blinde Läuferin gesehen. Das will ich jetzt hören. Ich jubele. „Wann und wo hast du SIE gesehen?" „Wen?" „Die Blinde." „Das muss 1996 oder 1997 gewesen sein, aber nicht beim Berlin-Marathon." Schade. Peter hat vier Töchter – wir sollten uns zusammentun, ich habe drei Söhne – und läuft, um abzunehmen: seit 30 Jahren und seit 40 Marathons. Ist ihm nicht ganz gelungen. „Meine Frau läuft übrigens auch," sagt er so nebenbei. Ist ja nichts Sensationelles, denke ich. „Sie liegt, wenn alles gut gegangen ist, etwa 30 Minuten vor mir." „Vor oder hinter Dir?" muss ich noch einmal nachfragen. Peter – mitleiderregend? – nickt: „Vor mir." Peter kommt nach 3:46 Stunden ins Ziel.

Steglitzer Rathaus. Bei Kilometer 30 wird's laut. Warum hier so viele stehen, weiß ich nicht, ich bin ja auch kein Berliner. Ich schließe wieder mehrere 100 Meter sekundenweise die Augen. Hätte ich nicht machen sollen. Die Konzentration auf den Körper ist schnell vervielfacht. Fehlt der visuelle Reiz, verstärkt sich – scheinbar – der Innenblick. Ganz banale Folgen: Ich spüre, wie meine Waden langsam „zugehen".

Schmerz! Schnell versuche ich, mich abzulenken. Bin ich froh, dass ich nicht blind bin. Wird ein Blinder manchmal froh sein, dass er nicht sehend ist? Ich denke an die Bilder vom 11. September.

Das Steglitzer Rathaus ist mir ein Begriff, heißt das Hochhaus nicht „Steglitzer Kreisel" oder so? Ich darf mein Ziel nicht aus den Augen verlieren – auch wenn die Wade beißt. Es bleiben nur noch zehn Kilometer, um SIE zu finden. Ich renne ins „Kap der guten Hoffnung".

So heißt doch die Verpflegungsstelle am südlichsten Streckenzipfel.

„Kap der guten Hoffnung". Ehrlich gesagt, so langsam sinkt meine Hoffnung, SIE zu finden. Und was ist, wenn ich SIE erst auf der Zielgeraden finde? SIE kann ja nur mit anderen unterwegs sein. Werde ich denen, die SIE die ganze Zeit geführt haben, dann einfach die Führung aus der Hand reißen, nur um meine Suche zu einem glücklichen Ende zu bringen? Nein, niemals! Ich werde zögerlich fragen, ob ich SIE auch einmal, ein paar Schritte nur, an die Hand nehmen darf. Das wird reichen. Ich bin wieder motiviert. „Hast du eine blinde Läuferin gesehen?" Britta schüttelt den Kopf. O.k., die Frage kommt jetzt nicht mehr so gut. Ich spüre ja auch meine Waden. Britta reicht mir einen nassen Schwamm. Warum? Sie scheint meine Frage misszudeuten. Nein Britta, ich bin nicht verwirrt. Britta auch nicht. Sie ist Mitte 30, läuft ihren dritten Marathon, hatte sich für Berlin nichts vorgenommen und läuft auf einmal auf Bestzeit. „Nimm mich mit," sagt sie, wohl der Meinung, dass ich besser drauf sei als sie. Keine schlechte Idee, denke ich. Anstatt IHRER führe ich Britta ins Ziel. Aber sie wird sich nicht an die Hand nehmen lassen. Ich bitte Britta, mich einige wenige Meter an der Hand zu führen. Ich schließe die Augen. Und vernehme lautes Getrommel. Hand aufs Herz, vorher war es mir nicht aufgefallen. Britta kommt nach 3:50 Stunden ins Ziel.

Wilder Eber. Kilometer 35/36. Hier geht es seit Jahren ab. Die Samba-Trommler sind ja vielfach schon gerühmt worden, aber das Publikum ist noch viel unbeschreiblicher. „Sind dies die stimmungsvollsten Marathonmeter der ganzen Welt?" schießt es mir durch den Kopf. SIE würde es besser einschätzen können als ich. Oder würde SIE sich hier die Ohren zugehalten, das Tempo verschärft haben: weg, nur weg. Es ist zu laut. Keine Zeit, die Augen zu schließen. Es geht um die Kurve. Schade. Mit geschlossenen Augen wäre sehr wahrscheinlich das Trommelfell geplatzt.

Nach dem Höhepunkt kommt bei mir der Tiefpunkt. Erstmals denke ich nur an mich, besser: an meine rechte Wade. Ich will noch in München und Frankfurt dabei sein und eventuell in New York, da kann ich eine schmerzende Wade nicht gebrauchen. Wann kommt dieser verdammte Ku'damm? Ablenkung tut not.

„Hast du eine blinde Läuferin gesehen?" Keine Antwort vom Unbekannten. Wir laufen nebeneinander, fast im Gleichschritt. Er ist genauso groß wie ich. Ich versuche, den Gleichschritt geschlossene Augenblicke als Orientierung zu nutzen. Klappt wunderbar. Er riecht streng. Oder bin ich das? Wir sind es wohl gemeinsam, all die, die über 38 Kilometer schon schwitzen. Soll ich ihn noch einmal fragen? Ich glaube, die Fragerei nutzt nichts mehr. Ich denke, der Unbekannte hat das Ziel etwa in 3:50 Stunden erreicht.

Konstanzer Straße. Ich stehe „an der letzten Tränke". Die Verpflegungsstelle ist mir wohl bekannt. Hier habe ich schon mal geschlagene zehn Minuten gestanden (1996), aber auch schon mal mit einer trockenen Missachtung der Tränke meine Platzierung als bester Deutscher gesichert (1987). Heute bleibe ich drei Minuten stehen, bin zigtausendster Deutscher und der Einzige, der nach einer blinden Läuferin Ausschau hält. Sollte ich hier etwa einfach stehen bleiben und warten, ob SIE irgendwann vorbeikommt? Der Überblick vom Bordstein ist nicht schlecht. Vielleicht stelle ich mich auch auf eine Parkbank oder auf die Kühlerhaube eines 600er Mercedes. Das würde wenigstens auffallen. Allen würde es auffallen, nur IHR nicht. SIE müsste mich glatt übersehen. Weiter geht's.

Kurfürstendamm. Es ist wunderbar. Hier fliegen alle. Die Eliteläufer, die Drei-, Vier-, Fünf-Stunden-Läufer, selbst die Fußkranken und bestimmt auch die Blinden. Ich könnte noch einmal fragen: „Hast du eine blinde Läuferin gesehen?" Aber was würde es nützen. Hier würde ich bestimmt nicht mehr die Initiative ergreifen. Sollte ich IHREN Flug durch das Zuschauerspalier unterbrechen? „Gestatten, mein Name ist Martin …"

Gedächtniskirche. Bei ihrem Anblick würde ich hoffen, dass Blinde zu Sehenden werden, denke ich im Vorbeirauschen. Aber damit meine ich nicht die Blinden, denen das Augenlicht fehlt, sondern die sehenden Blinden, denen das Hirn fehlt. Das Mahnmal des Zweiten Weltkriegs wurde bisher erst nach dem Ziel erreicht, jetzt fliegen wir bei Kilometer 40 vorbei. Ein letztes Mal schließe ich kurz, sehr kurz, die Augen. Das Ziel ist in Sicht. Ich überquere die Ziellinie.

Dieser Lauf hat mir für viele Dinge wieder die Augen geöffnet.

Der Begleiter

von Wolfgang Hasenpusch

Bisweilen gibt es wahrlich seltsame Treffen bei den Laufveranstaltungen. Und bisweilen kann man sich gewaltig in denen täuschen, die man soeben kennen gelernt hat.
Von solch einem Zusammentreffen berichtet uns Wolfgang Hasenpusch aus Hanau, und darüber, wie man als Folge des Zusammentreffens aus einem eigentlich ‚Dumm gelaufenen' Ereignis noch ein amüsantes und erfolgreiches Lauferlebnis erzielen kann

Bei einem Marathonlauf in Arolsen, er mag wohl an die sieben Jahre zurückliegen, bekam ich irgendwo um den Kilometer 16 herum fürchterliche Schmerzen in meinem rechten Knie.

Da ich mich, mit moderatem Trainingsprogramm, gut auf diesen Lauf vorbereitet hatte, kam dies für mich völlig überraschend. Und auch Streckenprofil und Verlauf waren mir wohl vertraut, hatte ich doch schon fünf dieser Läufe durch die wunderschöne hügelige Winter-Landschaft rund um den Twistesee ohne jedes Problem gemeistert.

Nun, dieses Mal war der Wurm drin, und das Knie schmerzte höllisch.

Ich hielt an und war eben dabei mir das Knie zu massieren, als mir jemand auf die Schulter klopfte. Erstaunt schaute ich mich um. Hinter mir stand ein Wanderer, den ich vorher überhaupt nicht bemerkt hatte.

Ich musterte den Gesellen erstaunt, ja, fast ein wenig ängstlich, was wollte er von mir?

Aber schnell merkte ich, dass keinerlei Grund zur Unruhe bestand. Der Wandersmann zeigte sich sehr hilfsbereit. Er half beim Massieren, empfahl mir bestimmte Bewegungen mit dem schmerzenden Bein, ließ mich Dehnübungen machen, und versuchte mit allen erdenklichen Methoden, mich von den Schmerzen abzulenken und zum Weiterlaufen zu bewegen.

Lächelnd meinte er schließlich: „Lass' die nur alle laufen, komm mit mir, wir versuchen es gemeinsam."

Nach all den Mühen, die der ältere Mann, er war sicherlich um die 60 Jahre alt, sich mit mir gemacht hatte, wollte ich die gut gemeinte Einladung nicht ausschlagen.

Und einen Versuch war es in jedem Falle wert, die Strecke doch noch zu bewältigen. In Gedanken hatte ich nämlich bereits nach Möglichkeiten gesucht, wie ich am Schnellsten zur Twistesee-Halle zurückkommen könnte. Dort befanden sich nicht nur Start und Ziel, sondern auch meine trockene Kleidung zum Umziehen.

Heimlich hatte ich gehofft, dass einer der am Streckenrand stehenden Begleiter mich in seinem Auto mitnehmen würde.

Jetzt aber blickte ich in die aufmunternden Augen dieses Mannes, der mit seinem wettergegerbten Gesicht ein Bruder von Luis Trenker hätte sein können.

Ich bemühte mich, meine Beine wieder in Bewegung zu bekommen. Und siehe da, zu gehen machte mir kaum noch zu schaffen. Mitunter zog es noch ein wenig im Knie, besonders auf der langen Steigung zwischen den Kilometern 28 und 30. Aber immer wieder lenkte mich mein emsig bemühter Begleiter von den Problemen ab.

Er erzählte von seinen vielen Wanderungen, von den legendären 100-Kilometer-Märschen im belgischen Bornem, an denen er mehrfach teilgenommen hatte.

Er schwärmte von seiner kleinen mandeläugigen Freundin in Thailand, die auch nach 12 Jahren noch auf ihn warten würde und von seinem ihn treu begleitenden Schäferhund.

Und er amüsierte sich königlich, als ich mein Gesicht nach dem Herunterkippen eines stärkenden ‚Wundermittels' in Form eines Kräuter-Likörs fürchterlich verzog und mich schütteln musste.

So verging die Zeit wie im Fluge. Gemessen an der eigentlich von mir angestrebten Zeit erreichten wir das Ziel zwar nach 4 Stunden 52 Minuten recht spät, aber angesichts der Umstände dennoch unerwartet schnell.

Im Ziel beglückwünschten wir uns gegenseitig herzlich und erleichtert. Ich bemerkte, dass mein wandernder Begleiter den Organisatoren dieses Laufes wohl bekannt war. Dann verlor ich ihn aus den Augen, und erinnerte mich, während ich Ausschau hielt, dass er schon unterwegs davon gesprochen hatte, sich keinesfalls die ‚kalten Duschen' antun zu wollen.

durch war er immer wieder bei Marathon-Veranstaltungen zu finden, und war nicht selten schneller am Ziel der 42,195 Kilometer als manch ein Läufer.

„Was war nur dieses Jahr mit ihm los? Im Vorjahr legte er die Strecke über eine Stunde schneller zurück." murmelte Heinrich Kuhhaupt vor sich hin. Nun, ich wusste sehr gut, was oder wer dieses Jahr der Grund für die Verzögerung war, aber das blieb mein kleines Geheimnis. Leider habe ich meinen Begleiter später nie mehr wieder getroffen, in Gedanken ist er jedoch auf allen folgenden Läufen bei mir gewesen. Ich höre ihn erzählen, sehe sein verschmitztes Lächeln und nie werde ich vergessen, wie er zu mir sagte: "Lass Dir Zeit mein Freund - es soll Dir Spaß machen!"

Später erzählte mir Heinrich Kuhhaupt, der unermüdliche Organisator dieses familiären Advent-Marathons, dass mein Begleiter einmal ein sehr guter Geher gewesen war. Er hatte wohl sogar an Olympischen Spielen teilgenommen. All die Jahre hin-

„Troll-Loppet"

von Peter Rausch

Von einem Begleiter ganz anderer Art handelt die folgende Geschichte von Peter Rausch aus Ahnatal. Peter Rausch war über viele Jahre hinweg aktiver Sportler beim PSV GW Kassel.
Eigentlich ist sein Thema in der Literatur mehr der lyrische Bereich, aber extra für dieses Buch hat er uns eine Geschichte von einem seiner zahlreichen Lauferlebnisse zugesandt.
Diese Geschichte führt die Leserinnen und Leser weit hinauf nach Norden, in das Land der Mitternachtssonne, der Trolle und Kobolde und der endlosen Einsamkeit der nordischen Landschaft.
Wer dort seine Erlebnisse und Erfahrungen als Langstreckenläufer sucht und sammelt, für den hält die nordische Nacht so manches an phantastischen Überraschungen bereit - oder sollte doch die Fantasie....?
Aber lesen Sie am Besten selbst, was Peter Rausch uns von seinem Troll-Loppet berichtet.

Es war vor Jahren irgendwo im Lande der Mitternachtssonne. Ich saß halb gelangweilt, halb erfüllt mit gespannter Erwartung im „Trolltog", dem Zug, der schon seit Stunden durch die endlose Weite der Tundra rollte. Durch einen puren Zufall hatte ich von dem Nachtmarathon am Rande der Zivilisation gehört und mich spontan angemeldet. Ja, von der Mitternachtssonne war schon lange nichts mehr zu sehen. Es war Anfang Oktober, es wurde früher dunkel als bei uns, und der Winter hatte hier und da schon mal seine kalten Finger nach dem Land ausgestreckt.

Den zweiten Tag saß ich nun schon im Zug, denn es ist unendlich weit von Deutschland zum „Troll-Loppet".

Gestern Abend war Ole zur mir ins Abteil gestiegen, ein waschechter Nordmann, der auch an dem Lauf teilnehmen wollte. Zum fünften Mal übrigens.

Wir hatten uns die halbe Nacht angeregt unterhalten, und er hatte mir wertvolle Tipps gegeben. Nur was er mir von den Trollen, den nordischen Geistern und ihren Einflüssen auf den „Troll-Loppet" berichtete, ließ mich spontan laut auflachen, denn ich bin ein Realist und glaube solch einen Unfug nicht. Irgendwann gegen Morgen muss ich dann eingenickt sein. Als ich wieder aufwachte, war Ole nicht mehr im Abteil. Vielleicht war er schon im Speisewagen. Ich hatte keine Eile, war noch mal eingenickt, und Ole hatte ich schon fast vergessen.

Es war kein gewöhnlicher Marathon. Als Nachtlauf ausgeschrieben, wurde jeder Läufer im 5-Minuten-Abstand einzeln auf die Strecke geschickt, und er hatte nicht nur mit der Distanz zu kämpfen, sondern vor allem mit der unerbittlichen Natur, denn es wurde querfeldein gelaufen, und die Strecke war nicht markiert. Dafür erhielt jeder Läufer einen Zettel mit einer Kurzbeschreibung und für alle Fälle ein „Safety-Pack" in der Hoffnung, dass er es nie würde benutzen müssen.

Eine halbe Stunde war seit meinem Start schon vergangen. Bereits nach fünf Minuten hatte ich keinen Kontakt mehr zu irgendwelchen Menschen, nicht einmal von der Konkurrenz war etwas zu sehen. Ich war allein in der vom Mondschein fahlhellen und inzwischen ganz schön kalten Nacht.

Allein in einer wie ich meinte menschenfeindlichen Landschaft. Allein auch mit einem mulmigen Gefühl im Bauch. In der Ferne heulte etwas. Ein Wolf? Das mulmige Gefühl nahm zu. Auf was hatte ich mich da nur eingelassen?

Einen Steinwurf weit vor mir plötzlich eine Bewegung. Dort kauerte ein Schatten neben einem Felsen! Ein Mensch! Ein Läufer! Ole!

Er nestelte am Schnürband seines Laufschuhs herum und grinste mich an. Ich war erleichtert. Endlich ein Gefährte. Endlich nicht mehr allein durch diese schaurige Nacht laufen zu müssen. Und doch irritierte mich etwas an Ole. Sein Grinsen war nicht fröhlich, nicht locker, wirkte irgendwie aufgesetzt und verkrampft.

Egal. Hauptsache wir liefen zusammen. Dann passierte es. Ich trat mit dem rechten Bein in ein Sumpfloch und steckte fast bis zum Knie im Morast. Laut fluchend zog ich mein Bein heraus. Ole half mir dabei nur zögernd. Er schien amüsiert, denn da war wieder dieses Grinsen. Diesmal noch verkrampfter, regelrecht verzerrt.

Und wieder ergriff das mulmige Gefühl von mir Besitz. Irgend etwas stimmte mit Ole nicht!

Wenig später das nächste Malheur: ich stolperte über eine Wurzel und lag der Länge nach im Dreck. Diesmal half mir Ole nicht hoch. Er meinte schadenfroh, dass das davon komme, wenn man nicht an Trolle glaube und sie noch verhöhne. Dann begann er laut zu lachen. Und dieses Lachen jagte mir einen Schauer über den Rücken, denn es schien nicht von dieser Welt. Dabei funkelten seine Augen in einem kalten Glanz, wie ich es aus Filmen bislang nur von Wölfen kannte. Ich zwang mich zur Ruhe und zu äußerster Wachsamkeit.

Wir liefen weiter durch die Nacht, in der merkwürdige Dinge passierten. An einem Geröllhang war ich abgerutscht und hatte mir das Knie aufgeschlagen. Nur mühsam krabbelte ich wieder nach oben. Beim Überqueren eines Baches auf einem morschen Holzbohlensteg brach ein Brett unter mir. Gottlob kam ich mit dem Schrecken davon. Ole war natürlich vor mir über den Steg gegangen und lachte nur sein widerliches Lachen. Ole, Ole, immer wieder Ole! Der Mann ging mir allmählich fürchterlich auf den Senkel. Zudem schwanden meine Kräfte zusehends, während er immer leichter zu laufen schien.

Als wir im Morgengrauen nur noch wenige Kilometer vor dem Ziel waren, wurde Ole plötzlich erst nervös, schließlich hektisch, und in offensichtlich aufkommender Panik brüllte er mich an, ich solle schneller laufen.

Darüber war ich so wütend, dass ich ihm entgegenschrie, er solle sich zum Teufel scheren oder der Troll solle ihn holen.

Außer sich vor Wut brüllte er nun wieder mich an, ich hätte ihn tödlich beleidigt und nun würde er sich furchtbar rächen. Schrie es und wurde augenblicklich größer und größer, hatte in wenigen Sekunden die Größe eines Hauses erreicht und hob seinen Fuß, der

inzwischen sicherlich die Schuhgröße 245 hatte, und wollte mich zermalmen. In Todesangst völlig bewegungsunfähig, sah ich mit weit aufgerissenen Augen und zusammengepressten Lippen meinem Ende entgegen. Es würde wenigstens schnell und schmerzlos zu Ende sein.

In diesem Augenblick ging über der Hügelkette die Sonne auf und ihre Strahlen trafen Oles Haarspitzen. Noch einmal brüllte er auf, dann stürzte er in sich zusammen, dass die Erde bebte. Und dort, wo er eben noch gestanden hatte, lag nun ein übermannsgroßer Felsbrocken!

Ich brauchte eine Weile zu begreifen, was passiert und mit wem ich gelaufen war. Mit zitternden Beinen schleppte ich mich ins Ziel. Dort war man überglücklich, mich zu sehen, denn ein einheimischer Schamane hätte gestern noch spät vor einem bösen Troll gewarnt, der sich an den Menschen rächen und sich dafür als Läufer unter die anderen Sportler mischen wolle. Die Läufer seien jedoch schon alle auf der Strecke gewesen und man habe sie nicht mehr warnen können. Bisher habe man den Troll leider noch nicht entdeckt. Aber jetzt sei die Gefahr vorüber, da bereits die Sonne scheine, und die sei für Trolle tödlich!

„So, so, ein Troll," kam es mir müde über die noch immer blutleeren Lippen. Dann ging ich duschen. Mein „Safety-Pack" warf ich achtlos in einen Mülleimer.

Der Genuss-Lauf

von Bernd Günther

Die nächste Episode stammt von Bernd Günther. Die hier erzählte Geschichte stammt aus der Frühzeit seiner Marathon-Karriere. Bernd Günther, der nicht nur überzeugter Läufer, sondern ebenso ein bekennender Genießer ist, erzählt davon, wie zuviel Genuss bisweilen auch zu Verdruss führen kann.

Es war Sonntag Morgen. Soeben rollte der Frühzug in den Frankfurter Hauptbahnhof ein. Eine Menschenmasse ergoss sich aus dem Zug ins Freie, und die Aufmachung der Meisten ließ keinen Zweifel daran, dass es sich um sportliche Zeitgenossen handelte. Kein Wunder, denn es war nicht irgendein Sonntag, sondern es war der Tag des Frankfurt Marathons. Unter den vielen, die den Zug verließen, befanden sich auch Bernd und Walter.

Gut vorbereitet und bestens gestimmt waren sie vor gut zwei Stunden in Kassel zugestiegen und begaben sich nun, eingereiht in den Strom der anderen Sportler, auf den Weg zur Startnummernausgabe.

Nach kurzem Fußmarsch war das Ziel erreicht. Der Andrang war glücklicherweise gar nicht einmal allzu groß, und schnell hielten die beiden ihre Beutel mit Startnummern, Werbebroschüren und all den kleinen Beigaben, die diese Beutel im Allgemeinen füllen, in den Händen.

Noch war es gut eine Stunde bis zum Startschuss, dennoch zogen sie sich bereits um, damit später keine unnötige Hetze entstehen würde. Nachdem die Sportsachen angezogen und die übrige Kleidung in den Beuteln verstaut war, gaben sie diese an den entsprechenden Sammelstellen ab und schlenderten ein wenig über das Messegelände. Überall um sie herum herrschte rege Betriebsamkeit, ein Kommen und Gehen, viele machten gymnastische Aufwärmübungen, reckten und dehnten sich und bereiteten sich so auf den langen Lauf vor. Dazu hatten unsere beiden allerdings keine rechte Lust.

Während sie so schlenderten, entdeckten sie mit einem Mal die bereits aufgebauten Massageliegen, auf denen später verkrampf-te Muskeln gelockert und durchgewalkt werden sollten.

Sogar einige Masseurinnen befanden sich vor Ort. Dies war endlich die Gelegenheit. Schon häufig nach Läufen, wenn Bernd und Walter ins Ziel gekommen waren, herrschte an diesen Massageplätzen bereits ein ungeheurer Andrang.

Aber heute, heute morgen waren sie einmal die Ersten und die Einzigen. Ein wenig erstaunt schauten die Damen schon, als Bernd und Walter sich nach einer Morgenmassage erkundigten. Aber nun gut, jeder muss selbst wissen, was für ihn gut ist. Also legten die zwei sich auf die Liegen und ließen sich so recht einmal durchkneten.

Danach ging es dann, noch eine Spur besser gelaunt als zuvor, an den Start. Nun, den ganzen Lauf zu verfolgen, würde hier sicher zu weit führen. Machen wir einfach mal einen Sprung zu Kilometer Dreißig.

Unverdrossen waren die beiden weiterhin unterwegs, und liefen gemeinsam Kilometer für Kilometer. Allerdings hatten sie für die Morgenmassage bereits teuer bezahlen müssen, denn die Beine waren ihnen so schwer wie noch nie zuvor geworden.

So quälten sie sich voran, durstig, müde, mit schweren Beinen, bis sie endlich den nächsten Verpflegungspunkt erreichten.

So schwer waren die Beine mittlerweile, dass Bernd und Walter beschlossen, hier ein wenig länger zu verweilen, sozusagen eine kleine Rast einzulegen. Und wie es sich für eine kleine Rast gehört, wird dabei auch ordentlich gegessen und getrunken.

Fröhlich nach dem Motto: „wir haben einen Haufen Startgeld bezahlt, dafür gönnen wir uns jetzt etwas!" beließen die beiden es diesmal nicht bei einem Stückchen Banane, sonder vertilgten solch eine Frucht gleich vollständig. Und gleich noch eine hinterher.

Und weil etwas zu essen mit Flüssigkeit besser rutscht, gönnten sie sich dazu einige Becher, denn der Durst war enorm.

Die erstaunten Blicke der Massierenden wiederholten sich ob dieses bunten Treibens. Diesmal schauten die Helfer am Verpflegungsstand ein wenig fragend. Nachdem Walter noch einen Nachtisch in Form eines Traubenzuckerlis offeriert hatte, setzten die zwei wackeren Läufer die Reise fort.

Aber, oh weh, es ging nicht mehr lange gut. Nun protestierten nicht nur die Beine, auch die Mägen meldeten sich vehement und taten ihren Unwillen über diese Rosskur kund. Und nachdem die Wirkung des Traubenzuckerlis schnell verpuffte, war der anschließende Fall umso tiefer.

Während Walter den Lauf mit Mühe dennoch zu Ende brachte, beschloss Bernd, dass dieser Tag nicht sein Bester war. Bei Kilometer 34 kam für ihn, wenn auch gut gesättigt, das vorzeitige Aus.

Und so musste er die Feststellung machen: „Essen und Trinken hält zwar Leib und Seele zusammen, führt aber nicht unbedingt bis ins Marathontor hinein."

Traue fremden Schwämmen nicht

von Hannelore Hümpfner

Hannlore Hümpfner berichtet von einer ganzen Pannenserie, die ihr ausgerechnet während der Teilnahme am Europameisterschaftslauf passierte. Dort startete sie mit ihren Vereinskolleginnen von der LuT Aschaffenburg, Erika Freund, Rosi Waschulewski und Ingrid Perkampus. Allesamt kamen die wackeren Läuferinnen ins Ziel, und Ingrid Perkampus schaffte es sogar auf den 3. Platz in der W 60. Dafür nahm Sie die Bronzemedaille mit nach Aschaffenburg. Aber der Weg ins Ziel, der war gar nicht so einfach, wie sie gleich miterleben können.

lter schützt vor Leistung nicht. Und so fuhr ich mit drei weiteren Läuferinnen meines Vereins zur Veteranen-Europameisterschaft, die vom 15. bis 25. August 2002 in Potsdam stattfand.

Unsere Disziplin war der Marathon, der am letzten Tag der EM stattfinden sollte. Zwei meiner Begleiterinnen starteten in der W60, ich selbst und die dritte Partnerin waren in der Klasse W50 eingeteilt.

Wir hatten uns das gemeinsame Ziel gesetzt, in einer Zeit unter vier Stunden anzukommen.

Unser Vereinstrainer hatte jeder von uns einen persönlichen Trainingsplan erstellt, und wir hatten fleißig trainiert, auch an den heißesten Sommertagen.

Dann war es soweit. Zwei Tage vor dem Wettkampf waren wir angereist, um uns zu akklimatisieren, aber auch, um uns die anderen stattfindenden Wettkämpfe im Stadion ‚Luftschiffhafen' anschauen zu können

Untergebracht waren wir bei einer langjährigen Freundin, Rosi. Die führte uns durch das schöne Potsdam. Auch ein wenig „Joggen" war angesagt, aber ganz langsam nur, denn die Kräfte mussten bewahrt werden.

Wir liefen durch den wunderschön gepflegten Park Sanssouci, vorbei an träumerischen Plätzen, und freuten uns darüber, hier mittendrin sein zu können.

Am nächsten Morgen fuhren wir gemeinsam zum Stadion, um unsere Startunterlagen abzuholen. Als wir die Halle „Luftschiffhafen" betraten, war es ein wahrlich erhebendes Gefühl. An der Wand waren die Fahnen aller teilnehmenden Nationen aufgehängt. Wir füllten eine Akkreditierung aus und bekamen endlich unsere „Wundertüte" mit der Bitte, diese auf Vollständigkeit zu überprüfen.

Sie beinhaltete seltsamerweise gleich zweimal die Startnummer - wofür denn zweimal?

Für oben? Oder für unten? Die Ausgabe-Girls erklärten es mir: „Die eine ist für vorne und die andere für hinten vorgesehen!"

Ich erschrak. „Nein, nein, ich bin doch kein Rennpferd!"

Aber nun gut, wenn man das hier so zu tun pflegt. Auch eine kleine Erinnerungsplakette kam zum Vorschein, dazu eine „neutrale" Urkunde zum späteren Selbstausdruck per Computer.

Wir liefen dann noch in dem Gebäude umher, studierten die ausgehängte Laufstrecke, sammelten „tüchtig" und „süchtig" Prospekte ein, wo man sonst noch überall auf der Welt laufen kann. Bepackt mit all den Infos ging's dann nach draußen.

Hier warteten zahlreiche Verkaufsstände mit Sportbekleidung und Laufutensilien auf uns. Im Grunde hat man ja schon fast alles, aber soll ich mir nicht doch noch das offerierte Trikot „Lady Flame" aus „schweißableitendem" Material kaufen?

Die Versuchung war groß, aber zum schneller werden würde es wohl doch nicht mehr beitragen. So blieb es bei einer Kaffeetasse und einem Poster.

Rosi führte uns nun in den sogenannten „CALL-ROOM". Was war denn das schon wieder, erst Rennpferd und jetzt auch noch Call-Girl?

Aber auch hier ließ ich mich belehren. In dieser riesengroßen Halle wärmten sich die Sportler auf ein „warming up" um dann geschlossen zu ihrem Wettkampf hinausgeleitet zu werden.

Es wärmte sich gerade ein Stabhochspringer auf, ein Hochstapler vielleicht? Bin ich froh, dass ich ohne diese „Zahnstocher", sprich „schweres Gerät", anreisen kann. Was sind schon zwei Paar Laufschuhe (platzmäßig) im Vergleich zu diesen Dingern?

Wir bewunderten dann auf der Bahn den 800-m-Lauf der Männer. Ein Stadionsprecher kommentierte dieses schnelle

Rennen. Wir alle fühlten mit und belohnten die Leistungen mit begeistertem Applaus.

Wir fuhren nun gemeinsam einkaufen für die Pasta-Party am Abend vor unserem Marathonlauf. Rosi hatte noch eine weitere Läuferin dazu eingeladen. Deren Mann war als Betreuer und Fotograf mitgekommen, wollte sich die „Lust oder Qual" eines Marathons allerdings nicht selbst antun. An der Kohlehydrat-Orgie nahm er aber gerne teil.

Das Tischgespräch war natürlich der bevorstehende Lauf. So wurde auch besprochen, wo Wolfgang sich mit Fotoapparat, Landesfahne und Winkelement aufstellen sollte. Doch bald ging es dann auch schon in die Federn.

Ganz früh am Morgen war es „überall" schon wach. Frühstück? Mein Magen war echt „nervös". Heute früh bevorzugte ich Kamillentee, denn was Udo Jürgens vor seinem Auftritt immer gegen Lampenfieber hilft, sollte auch meine Nervosität entschärfen.

Dann ging es zum Start. Überall waren Läuferinnen und Läufer zu sehen. Man konnte förmlich die Anspannung und Nervosität spüren. Und riechen. Die „blauen DIXI-Kugeln" befreiten einige von ihren Nöten. Endlich der ersehnte Start. Ein enormer Kanonenschuss donnerte los. Dieser war nach „altpreußischer Manier" von zwei Männern in Original-Gewändern gezündet worden. Die Läuferschar begann sich in Bewegung zu setzen, begleitet vom Beifall der Zuschauer.

„Nur nicht zu schnell angehen" war unsere Devise. Irgendwie war es mir peinlich, dass man auf meinem „Rückschild" erkennen konnte, wie viele Jahre ich schon auf dem Buckel habe.

Leicht und locker fühlten wir uns bei Kilometer 5. An dieser ersten Verpflegungsstelle tranken wir und ich kühlte mein Gesicht mit einem Schwamm. Danach ging es weiter, hinein in ein Waldstück. Dann vorbei an Gärten. Dort war eine Grill-Party voll im Gang und es roch nach Würstchen. Einige Leute beklatschten uns und hatten auch für uns Wännchen mit Wasser und Schwämmen aufgestellt. Es war sehr heiß, und ich hatte bereits einen roterhitzten Kopf. So tauchte ich dankbar mit einem Schwamm ein und ließ mir das Nass über meinen Kopf laufen. Auf einmal brannte es wie Feuer in meinen Augen !!!

Da hatte ich tatsächlich einen Schwamm erwischt, der total schäumte. Entweder von Badeschaum, oder etwa Waschpulver, oder hatte gar jemand zuvor sein Auto damit noch gewaschen? So was darf es doch nicht geben!

Mit tränenden Augen lief ich weiter.

„Du läufst wie eine Gazelle mit roten Albino-Augen," munterte mich Rosi auf.

Ganz allmählich ließ das „Beißen" dann zum Glück wieder nach. Die Strecke führte nunmehr etwas an der Havel entlang. Und die Zeit verging schnell. Unser Tempo hatten wir im Griff. Die Halbmarathonmarke war erreicht: 2:03 - Zeit und Body-check - alles o.k. Kurzer zwischenzeitlicher Freudentaumel für mich jedenfalls, auch wenn jetzt schon klar war, dass am Ende mehr als 4:00 Stunden rauskommen würden.

Ich schaute auf mein rechtes Handgelenk. Dort hatte ich für alle Fälle - wenn der „HAMMER" kommt - mein persönliches „Aufputsch-Wundermittel" im Frottee-Schlüsselmäppchen dabei. Es handelt sich da um ein Stück koffeinhaltiges Bonbon, in der Art wie Traubenzucker, nur länger anhaltend: Andere schwören auf POWER-GEL (mir zu glibberig und süß), POWER-DRINKS oder POWER-RIEGEL. Solch einen hatte ich mir auch noch in die Hose gesteckt. Da hat so jeder seinen Favorit.

Es ging auf Kilometer 27 zu. Allmählich spürte ich meine Oberschenkel. Nur locker bleiben und nicht verkrampfen. Endlich wieder schattige Kühle, wir liefen an einer schönen Allee entlang. Da las mir Rosi ein Warnschild vor:

„Vorsicht Wildschweine!"

Ich antwortete: „Auf dem Teller sind die mir aber viel lieber," und wir mussten beide lachen. Immer mehr spürte ich den Leistungsabfall und konnte mit dem Tempo von Rosi nicht mehr mithalten. Nur locker bleiben, nur nicht verkrampfen!

Rosis Verführungskünste, mich weiter in ihren Sog zu nehmen, schlugen fehl. Ich setzte ein paar mal an … vergebens!

Ich kämpfte gegen die aufkommende Ermüdung und gegen negative, zweifelnde Gedanken! Plötzlich eine vertraute Stimme. Vom Straßenrand winkte mir Wolfgang zu.

„Halte durch … du schaffst es," und dann hat er von meiner jämmerlichen Figur auch noch ein Foto gemacht.

Ich nahm Haltung an und versuchte, wieder gleichmäßiger zu atmen und zu laufen. Das half! Bei Kilometer 35 wieder trinken - und es wurde Zeit für mein Bonbon! Aber wo war es denn bloß? Ein böser Schreck war das, vom mehrmaligen Eintauchen in das Wasser mit Schwamm hatte sich mein Powermittel völlig aufgelöst. Was blieb, war ein brauner Fleck im Frottee-Stoff. Dumm gelaufen!

Wie kann man/Frau nur so einen fatalen Fehler machen? Das war's wohl. Aber Glück im Unglück hatte ich schon noch, denn ich ging nicht ganz leer aus, sondern durfte mich an einem Stück Banane erfreuen. Nach einiger Zeit hatte ich das Gefühl, wieder etwas Energie zu haben und ich fand einen günstigen Rhythmus. Die Beine erholten sich. Der Ehrgeiz packt mich, ich überholte sogar einige Läufer. Doch es war ein Strohfeuer.

Nach einigen Kilometern wurde ich wieder langsamer. Ich knabberte meinen Power-Müsli-Riegel bis zur Hälfte an. Den Rest hielt ich in der Hand, allmählich zerbröselte er mir zwischen

den Fingern. Auch er war so eine Art „letzter Strohhalm" für mich. Als ich aber fast nur noch einen Nusssplitter fühlte, steckte ich mir diesen sofort in meinen trockenen Mund.

E n e r g i e!!!! Wo bleibst du????

Das allmählich näherrückende Ziel ließ mich doch wieder schneller werden. Nur noch vier Kilometer, drei Kilometer, zwei Kilometer. Der Höhepunkt des Laufens stand kurz bevor. Ich konnte das Stadion bereits erkennen, Die letzten Kräfte wurden mobilisiert.

Endlich die letzten hundert Meter. Ich bog ins Stadion ein und lief auf weichem, rotem Boden. Durch den Platzlautsprecher hörte ich meine Startnummer, meinen Namen sowie Nationalität. Da nahm ich aber Haltung an. Meine Vereins-Mädels jubelten mir zu, als ich mit hocherhobenen Armen das Ziel erreichte. Die Zeit: 4 Stunden 12 Minuten.

Und dann war ich plötzlich doch wiederum unheimlich stolz, trotz aller unterwegs erlebten, bösen Überraschungen, angekommen zu sein, mit dem erhebenden Gefühl, einen Marathonlauf überstanden zu haben.

Und die Moral von der Geschicht: Benutze „fremde Schwämme" nicht!!!

Der „Dertutnix"

von Gabi Leidner

---

*Kein Buch über Erlebnisse beim Laufen kommt wohl ohne mindestens eine
„Hundegeschichte" aus. Fast jeder, der sich halbwegs regelmäßig
laufenderweise durch Wald und Feld bewegt, hat hier etwas zu berichten.
Und so darf dieses Thema auch in diesem Buch natürlich nicht fehlen.
Eingeleitet werden die tierischen Seiten durch einige Gedanken, die sich Gabi
Leidner zum Thema des vierbeinigen Freundes gemacht hat.
Gabi Leidner, in der Laufszene auch unter ‚Frau Werwolf' bekannt, läuft nicht
nur aktiv, sondern schreibt auch regelmäßig Berichte und Kolumnen - allerlei
Sinniges und Unsinniges - wie sie selbst sagt, zum Thema Laufen.*

Kaum, dass das Wetter besser wird, die Tage heller und vor allem länger, begegnen sie sich natürlich wieder verstärkt: Läufer und Hunde, in der Regel mit Besitzer (die Hunde meine ich jetzt). Und alle Jahre wieder kommt's zu Zusammenstößen: verbalen zwischen Läufer und Hundebesitzer, non-verbalen zwischen Läufer und dem ach so geliebten Vierbeiner.

Letzteren in der Regel vor Ersterem. Nach drei Jahren des Laufens bilde ich mir oft ein, es den Hunden inzwischen einigermaßen ansehen zu können, ob sie mich behelligen oder einfach ungestört meiner Wege ziehen lassen. Meistens passt das auch, manchmal aber auch nicht. Wenn's nicht passt, gibt's zwei Arten von Hundehaltern: die einen halten ihre bellenden Begleiter fest und/oder bei Fuß, lassen mich passieren – und weiter geht's dann hinter mir. Für die habe ich immer ein Danke übrig.

Ich habe nämlich schon ganz normal im täglichen Leben jenseits der Laufstrecken eher Angst vor Hunden und umso mehr, wenn ich meine, durch ein erhöhtes Tempo eine nette Angriffsfläche zu bieten.

Und dann gibt's noch die, die meinen, sie oder vielmehr ihr Hund sei der ungekrönte König des Spazierwegs. Die wohl dümmste Ausrede für das Verhalten der Hunde ist meines Erachtens „er will doch nur spielen". Ja bitte – wer fragt MICH denn? Ich will definitiv nicht spielen, sondern laufen. Und wenn ich spielen wollte, würde ich das lieber mit meinen Nichten und Neffen tun als mit wildfremden Vierbeinern.

Ich weiß, dass es laufende Hundebesitzer (oder hundebesitzende Läufer, je nach Sichtweise) gibt, die jetzt wieder den Kopf über mich schütteln und „nicht schon wieder" aufstöhnen – aber die haben ihre Hunde ja mit Sicherheit auch im Griff.

Ich hatte mal bei einem Halbmarathon eine Diskussion mit einem laufenden Hundebesitzer (der war mit Sicherheit kein hundebesitzender Läufer), der seine kniehohe kraftstrotzende Promenadenmischung einfach wild durchs Läuferfeld rasen ließ und sich dann noch darüber aufregte, dass einige Mit-Läufer ihm sagten, er solle seinen Köter zurückpfeifen – dass andere Menschen Angst haben könnten, konnte er sich so gar nicht vorstellen.

Passiert ist mir bisher beim Laufen noch nichts, auch wenn ich schon von Hunden gestellt wurde, deren jugendliche Besitzer es nicht schafften, diese von mir fernzuhalten. Aber letzten Endes haben sie mir nix getan, mich nur völlig aus der Fassung gebracht – ob sie nur spielen wollten, entzieht sich allerdings meiner Kenntnis.

Ich wünsche allen Hunden, Besitzern und LäuferInnen einen allzeit störungsfreien Aus-Lauf

Der mit dem Hund tanzt

von Theo Leimbach

Gleich in der folgenden Geschichte geht es um die Begegnung mit genau solch einem Tier, welches eigentlich nichts tut, aber genauso gut auch etwas hätte tun können.

Wenn nicht der Läufer hier zu einer wirklich sehr ungewöhnlichen Methode der „Bissverhütung" gegriffen hätte.

Noch einmal lässt Theo Leimbach uns Einblick nehmen in eines der vermutlich ungewöhnlicheren Erlebnisse aus seinem Läuferleben.

Es ist wirklich erstaunlich, was einem Menschen so einfällt, wenn es ihm an den Kragen, oder besser gesagt, an die Wade, geht. Und vielleicht ist es für den einen oder anderen von den Leserinnen und Lesern eine hilfreiche Anregung für zukünftige Zeiten.

Es hatte wieder einmal ein Tempodauerlauf auf meinem Trainingsplan gestanden.

Dementsprechend nicht mehr so ganz frisch, befand ich mich bereits wieder auf dem Rückweg zu unserem Lauftreffpunkt im Habichtswald, der Hessenschanze.

Mit einem Mal entdeckte ich cirka sechzig Meter vor mir eine Frau, die offenbar das gleiche Ziel hatte. Allerdings hatte sie als Begleitung einen frei laufenden Schäferhund dabei, was mich veranlasste, mein immer noch rasantes Tempo bis zum Gehen hin zu vermindern.

Noch hatten die zwei mich nicht bemerkt und so hoffte ich, flott vorbeigehend dieses ‚Hindernis' passieren zu können.

Dies war natürlich ein Trugschluss, denn wie zu erwarten war, entdeckte der Vierbeiner mich noch vor seinem Frauchen, fletschte sofort die Zähne und kam in eindeutiger Absicht auf mich zugelaufen.

Gottlob schnappte er nicht sofort zu, sondern gewährte mir noch einen Moment Gnade und Zeit. Diesen nutzte ich ohne lange darüber nachzudenken, packte sein Frauchen bei den Schultern und zerrte sie, sozusagen als lebenden Schutzschild, zwischen den Hund und mich.

Jetzt begann ein spannendes Tänzchen. Der Hund umkreiste mich, ich allerdings drehte mich im gleichen Maße um die eigene Achse und behielt so weiterhin die Frau als Wall zwischen mir und dem Angreifer.

Hierbei hoffte ich, dass die Frau den Hund kurzfristig wieder würde bändigen können

Umso schlimmer, als sie mir erzählte, während ich sie durch die Gegend schob und zerrte, dass sie selbst recht hilflos sei. Sie habe den Hund nur diesen einen Tag zur Pflege übernommen, und wüsste letztendlich auch nicht, wie es zu einer friedlichen Lösung der momentanen Situation kommen könnte.

Nur für einen Tag und dann gleich frei laufen lassen? Das konnte ja wohl nicht wahr sein. Solch ein Leichtsinn schrie förmlich nach Strafe. Und diese kam auch sogleich. Denn die Bewegungen wurden immer hektischer, die Frau und ich selbst immer unruhiger, und das blutige Ende dieser Episode für mich immer wahrscheinlicher. Also entschloss ich mich, diesem Spuk mit einer verzweifelten Aktion ein Ende zu bereiten.

Mit einem kräftigen Stoss warf ich die Frau auf den Hund, wartete nicht lange, bis die zwei sich berappelt hatten, sondern startete rasant durch und setzte mit erhöhter Tempolaufgeschwindigkeit meine Trainingseinheit fort.

Wie das Intermezzo schließlich ausging weiß ich bis heute nicht, da ich keine Zeit mehr hatte, noch einmal zurückzuschauen, wie sich Frauchen und Hundchen wieder einigten.

Ein Knaller zu Sylvester

von Lydia Kocour

Und dann gibt es noch Begegnungen mit Hunden, die ganz anders verlaufen. Solch eine Begegnung wurde Lydia Kocour an einem kalten Sylvestermorgen zuteil. Lydia Kocour, die in der waldreichen Umgebung von Bad Homburg ihre Laufrunden dreht, hatte dort an diesem Morgen ein gänzlich anderes Vergnügen mit einem Hund.

Einen Sylvesterlauf unvergesslicher Art erlebte ich vor einigen Jahren. An einem sehr kalten Sylvestermorgen machte ich mich auf, noch einige Kilometer im Wald zu laufen.

Eisige Kälte zog mir um die Ohren. Nach einigen Kilometern kam ich zu einer Lichtung, über die ich schon häufig gelaufen war. Diesmal allerdings war irgendetwas anders als sonst, aber was nur?

Da, eine blaue Mülltüte, am Wegesrand abgelegt, das war es, was mich beim Vorbeilaufen irritiert hatte.

„Unverschämt, was die Leute so in den Wald werfen!" murmelte ich vor mich hin, und setzte den Lauf fort. Später, auf dem Rückweg, hatte ich die Begebenheit bereits wieder vergessen, bis ich die Tüte wieder daliegen sah. Aber da, was war das, hatte sich nicht soeben etwas dort bewegt?

Neugierig geworden, lief ich nun zur Tüte hin und schaute hinein. Mit einem überraschten Ausruf ruckte ich zurück, sah aber dann noch einmal genauer hin. Tatsächlich, es war ein Hund darin. Ein kleiner, schwarzer Hund, den irgendein gewissenloser Mensch hier fortgeworfen hatte. Und wie es aussah, fror er entsetzlich.

Ohne lange nachzudenken, schnappte ich mir den Beutel und trug ihn mit mir nach Hause. Dort angekommen, wusste ich im Grunde gar nicht, was ich jetzt tun sollte. Zwar hatte das Tier mir, vorhin im Wald, leid getan, und ich wusste auch dass es richtig gewesen war, ihn mit zu nehmen. Aber nun?

Auch der Hund schien nicht so recht zu wissen, was er hier sollte. Ich gebe zu, ich bin kein wahrer Hundefreund, und das spürte er sicherlich. Und ich fragte mich, wie er sich wohl, erst einmal erholt, dann verhalten würde. Mein weiß ja nie!

So rief ich im Tierheim an und schilderte die missliche Lage und meine Situation mit diesem verspäteten Weihnachtsgeschenk. Zum Glück versprachen sie, den Hund bei mir abzuholen. Ich solle ihn in Decken wickeln, ihm ein wenig warmes Wasser zu trinken geben, und dann müsste alles gut gehen. Gesagt, getan. Dies wollte ich gerne noch tun.

Dann setzte ich mich zu dem Hund, während wir auf das Tierheim warteten, und erzählte ihm, warum ich ihn nicht behalten kann.

Ich glaube, er verstand mich sogar.

Bald darauf waren die Leute vom Tierheim da und ich von meiner Sorge befreit. Und wenn wir uns, irgendwann einmal im Wald oder Feld begegnen, dann hoffe ich, der Hund erinnert sich an mich und ist so freundlich zu mir, wie ich damals zu ihm war.

Das 24 Stunden Staffel-Abenteuer

von Uwe Westphal

Für manche endet die Vorstellungskraft einer laufbaren Distanz bei 5 Kilometern. Andere sehen die Grenze bei zehn, zwanzig Kilometern oder gar bei der Marathondistanz erreicht. Und dann gibt es noch die, denen dies alles nicht langt, die noch weiter laufen wollen. Eine Beschränkung der Streckenlängen nach oben scheint nicht zu existieren.
Von der Teilnahme an einem derartigen Laufereignis, dem legendären 24-Stunden-Lauf von Apeldoorn, berichtet uns Uwe Westphal.
Dort besteht glücklicherweise auch die Möglichkeit, als Mannschaft teilzunehmen, so dass dieses Laufereignis nicht ausschließlich den Mega-Strecken-Bewältigern vorbehalten bleibt.
Uwe Westphal aus Ahnatal, Jahrgang ließ sich vor einigen Jahren zur Teilnahme ,überreden'. Mit im Gepäck hatte er eine umfangreiche Lauferfahrung mit einer Marathonzeit von deutlich unter 3 Stunden, vielen Laufkilometern in den Beinen und der Lust daran, etwas ganz Neues auszuprobieren.. Und dann kam Apeldoorn...
Wer nun glaubt, als Mannschaft sei solch ein Laufereignis ,einfach' zu bewältigen, der sollte vor einer Teilnahme hier erst einmal nachlesen. Denn 24 Stunden Laufen bleiben eben 24 Stunden Laufen, alleine, zu zweit oder auch mit mehreren.

Mein Blick richtet sich gegen die beschlagene Scheibe des Wohnwagenfensters. Regen klatscht auf die Dachhaube, Schlaf überfällt mich nur Intervallweise.

An Ruhe ist nicht zu denken, weil sich in der Enge des alterschwachen Vehikels noch drei Freunde aufhalten, deren Gedanken ich jetzt lieber nicht lesen möchte. Ruhe wäre zur Zeit aber gerade so wichtig!

Ich sehne mich nach meinem Bett und möchte es gern mit der Wohnwagenkoje tauschen. Und ich verfluche den Tag, an dem ich meinem Freund Edgar die Zusage gab, an diesem Lauf teilzunehmen.

Während einer leichten Trainingseinheit im März hatte er beiläufig erwähnt es gäbe da diesen Lauf in Holland an dem er gern teilnehmen würde, und ich wäre doch im Moment auch so gut drauf...

Meine Ahnung bestätigte sich, dass dies nicht irgendein Lauf war. Edgar hatte sich in all den Jahren immer als Mann für „Überraschungen" erwiesen. Es sollte ein Staffellauf werden, aber einer über 24 Stunden am Stück.

Noch acht andere Leicht(sinnige)athleten hatten sich im Laufe einiger Wochen bereitgefunden mitzumachen und nun begann eine mehrwöchige Vorbereitung, die nicht nur Trainingsläufe zum Inhalt hatte, sondern auch das Organisieren von Wohnwagen, Zelten, Campinggeschirr und anderen Utensilien für den 24-Stunden-Staffellauf. Denn Staffelläufer zelten grundsätzlich, weil sie nicht als „Weicheier" gelten wollen und den gesamten Event voll auskosten. Es gibt ja auch nichts Herrlicheres als die kaputten Knochen mit einer Luftmatratze therapeutisch zu unterstützen.

Klaus reißt die Tür des Wohnwagens auf und uns aus unseren Alpträumen. „Ihr seid jetzt wieder dran mit Laufen!" Unwilliges Grunzen erhält er als Antwort, Flüche werden gemurmelt , wir bewegen uns schließlich doch und suchen die vom letzten Einsatz noch leicht feuchten Laufklamotten zusammen. Schlapp machen kommt nicht in Frage, es ist 3 Uhr nachts. 15 Stunden sind seit dem Startschuss vergangen, der im Park von Apeldoorn in Holland eine ansehnliche Läuferschar in das Abenteuer 24-Stunden-Lauf schickte. Pünktlich um 12 Uhr mittags war es losgegangen. Für einen Moment gleiten meine Gedanken zurück zum Start, der schon so lange her zu sein scheint:

Ein internationales Stimmengewirr ist zu vernehmen. Staffeln aber auch Sololäufer, die die gesamten 24 Stunden allein bestreiten wollen, setzen sich zügig in Bewegung, um die 1600 Meter Runde das erste Mal unter die meist noch gut profilierten Sohlen zu nehmen. Die Strecke ist flach und schnell, was sich auf die Dauer aber auch als problematisch erweisen soll.

Nach knapp viereinhalb Minuten kommt der erste Läufer zurück von seiner Runde durch den Park. Ein Raunen geht durch unsere Mannschaft, eine Wahnsinnszeit, warum fangen die so schnell an, und warum ist Dieter unser Startläufer noch nicht in Sicht?

Etliche Staffeln haben die Wechselzone bereits passiert als Dieter nach knapp über 6 Minuten auftaucht. Er hat es richtig gemacht und sich nicht zu höherem Tempo verleiten lassen, genau, wie wir es in unserer Mannschaft abgesprochen hatten.

Der Wechsel klappt prima, ich bin auf der Strecke. Nach der Wechselzone kommt eine lange Gerade, die von Zuschauern gesäumt ist. Der Applaus ist geradezu frenetisch, hier scheinen ja nur Laufverrückte zu sein. Ich nehme ein wenig Tempo raus, um die Kurve in den Park zu kriegen, immer schön locker bleiben.

Im Park überrascht mich eine Gruppe von Jugendlichen, die jeden mit Namen anfeuert. Sie haben sich die Startliste besorgt und können alle Läufer nun an Hand der Startnummern identifizieren. Diese Gruppe sollte mir noch während der 24 Stunden richtig ans Herz wachsen. Jedes Mal, wenn ich auf meiner Runde wieder an ihnen vorbei komme, freue ich mich. Anfangs klatsche und johle ich noch zurück, lasse mich anspornen, bis ich dann etwas übertreibe und mich auf einer Runde, der magischen Sechsminutenmarke nähere. Die leichte Übersäuerung meiner Muskulatur begleitet mich nun freundlicherweise noch ein paar Stunden lang, egal, durchhalten ist angesagt.

In weiser Voraussicht haben wir unsere Staffel in zwei Fünfergruppen aufgeteilt, die sich im 2-Stunden-, nachts im 3-Stundenrhythmus abwechseln. So muss jeder zwar in kürzeren Abständen laufen, hat dafür aber nach dem „Schichtwechsel" genug Zeit sich zu erholen, ein wenig Verpflegung zu sich zu nehmen oder sich auch kurz mal hin zu legen.

Trinken ist das A und O, wobei Mägen doch sehr verschieden zu sein scheinen. Einige können literweise Elektrolyte in sich hineinschütten andere begnügen sich mit halben Bechern abgestandenen Wassers.

Toll war die Idee, für annähernd jeden Teilnehmer unserer Gruppe einen Betreuer mit zu nehmen. In vielen Fällen mussten dafür die Ehepartner ran, was bei dem erforderlichen Zuspruch angesichts der Quälerei von Nutzen sein sollte.

Aber zurück zur abgebrochenen Nachtruhe. Nachts wieder in den Trab zu kommen, fällt allen von uns sehr schwer, dementsprechend sind die jeweiligen ersten Rundenzeiten. Einige sollten gerade als vermisst gemeldet werden, als sie doch noch von ihrer Runde durch den Park zurück kamen.

Die Blasen an den Füßen schmerzen mich eigentlich schon lange nicht mehr, als ich gegen fünf Uhr morgens gegen den inneren Schweinehund ankämpfen muss. Die Beine sind bleischwer, sie fühlen sich schlimmer an, als nach einem meiner Marathonläufe. Das Einzige was mich am Laufen hält ist der Beistand meiner Frau und die Gruppe von Verrückten, die doch tatsächlich die ganze Nacht im Park ausharren und uns anfeuern. Sie halten sich scheinbar auch mit ein paar Bierchen „über Wasser", denn so langsam aber sicher wird aus dem frenetischen Anfeuerungsgeschrei ein nicht mehr so dynamisches Lallen. Trotzdem Jungs und Mädels: Dank für Eure Unterstützung.

Meine Rundenzeit liegt nun bei 8 Minuten 30 aber das ist mit egal, es sind schließlich nur noch „schlappe" 7 Stunden zu laufen und die will ich mit Anstand über die Runden bringen. Ergaben sich zu Beginn des Laufes noch Gespräche unter den verschiedenen Staffeln, so kämpft jetzt jeder verbissen allein gegen sich, die Uhr, und die immer wieder vor ihm liegende Parkrunde

Nachdem die tiefste Nacht endlich vorüber ist, füllt sich die Zielgerade mit der Wechselzone wieder etwas mehr. Die Veranstalter haben sogar eine Dixieband aufgeboten, um Läufer und Zuschauer im Morgengrauen gleichermaßen zu erfreuen.

Der Streckensprecher läuft zu großer Form auf, lobt die Sololäufer, die teilweise wirklich traurig aussehen aber auch verschiedentlich schon über 200 Kilometer Nonstop unterwegs sind. Auch die Staffeln werden motiviert, und so langsam verbessern sich die Rundenzeiten auch wieder.

11 Uhr, die letzte Stunde des Rennens ist angebrochen, die Zielgerade gleicht einem Tollhaus. Menschenmassen drängeln sich in Fünferreihen hinter den Absperrgittern, um mit ihrem Anfeuerungsgebrüll das Letzte aus den Läufern heraus zu holen.

Die Laufgeschwindigkeit auf der Geraden erhöht sich von Minute zu Minute, um dann schlagartig im Park nachzulassen, wo sich jetzt fast kein Mensch mehr aufhält.

Jetzt ist die letzte Gelegenheit gekommen, die Platzierung noch etwas zu verbessern. Einige der Staffeln trennen zwar schon mehrere Runden, andere dagegen liegen nur wenige Meter auseinander. Jeder will für seine Mannschaft möglichst die letzte Runde laufen, bevor das Rennen vorbei ist. Ich habe

Glück aber leider reicht die verbleibende Zeit nur noch für einen Sprint auf der Geraden, bevor der Zielschuss fällt.

Jetzt anzuhalten ist eine Qual aber auch eine Erlösung. Ich suche meine Mann-schaftskameraden. Wir fallen uns um den Hals, wir haben durchgehalten und eine Platzierung im vorderen Mittelfeld erreicht.

Lieber Edgar, Danke, dass ich an dieser Quälerei teilhaben durfte!

Der halbe Rückwärts-Marathon

von Udo Möller

Und gleich noch eine Geschichte, in der es so richtig schön ‚Dumm gelaufen' im wahrsten Sinn des Wortes ist.
Auch diese Erzählung nimmt uns mit nach Apeldoorn, dieses Mal jedoch zu einem Lauf in der kalten Jahreszeit.
Erlebt wurde sie von Udo Möller aus Hannover. Udo Möller ist in der Laufszene durch zahlreiche Publikationen bestens bekannt.
So schreibt er unter Anderem regelmäßig für die Laufzeitschrift SPIRIDON.
Die hier vorgestellte Geschichte berichtet von einem Erlebnis, welches ihm bei der Teilnahme am Midwintermarathon in Apeldoorn in Holland zuteil wurde.

Dumm gelaufen? Das fängt manchmal schon mit dumm gefahren an. Oder noch viel eher, mit dumm aufgestanden.

Nämlich am Wettkampftag zu spät. Was man ja eigentlich nicht soll, aber sonst fände sich der folgende Bericht ja auch nicht in Verbindung mit etwas dummen Erlebnissen. Aber der Reihe nach:

Die Geschichte liegt schon einige Jahre zurück, ist mir aber nachhaltig in Erinnerung, weil man nicht alle Tage einen halben Marathon in verkehrter Richtung rennt. Das bleibt etwas Besonderes, gerade wenn man schon reichlich solcher Läufe in die richtige Richtung absolviert hat.

Zugetragen hat sich das Ganze in Apeldoorn in den Niederlanden, man ahnt es schon: Beim dortigen Midwintermarathon im Februar. Und begonnen hat es morgens im Bett, eben mit dem zu späten Aufstehen.

Dabei liegt mein Wohnort Hannover nur etwa 3 gute Autostunden von Apeldoorn entfernt und eine leichte Verspätung könnte man normalerweise ausgleichen.

Aber wenn es schon dumm läuft, dann kommen Staus dazu und Grenzkontrollen (so etwas gab es damals noch!) und irgendwann im Auto die Erkenntnis: Du wirst den Start um 12 Uhr nicht erleben, das Feld wird ohne dich losrennen.

Nun gut, wenn man nicht gerade gewinnen will oder irgendwelchen Rekorden nachjagt, dann kann man auch hinterherlaufen. Aber wer läuft schon gern irgendwo oder irgendwas hinterher?

Doch als Marathonläufer gibt man nicht so schnell auf, schon gar nicht vor dem Start. Diesen erlebte ich damals in vielleicht 25 Kilometer Entfernung, im Auto dahinrasend. Eine sehr aufregende Startphase, denn ich verbrachte sie auf dem Beifahrersitz sitzend damit, mich in dieser Position rennfertig umzuziehen. Auch nicht eben bequem, aber schließlich sollte der Zeitverlust in Grenzen gehalten werden.

Ankunft in Apeldoorn, ab zum Veranstaltungsgelände, raus aus dem Auto, im Sprint zur Startnummernausgabe.

Die wurde gerade abgebaut, aber man erkannte schnell meine missliche Lage und ruckzuck hatte ich meine Nummer. Jetzt nur noch schnell zum Start, im fliegenden Galopp sozusagen. Wer die Apeldoorner Veranstaltung kennt, weiß dass es dort auch Läufe über 18 und 27 km auf nahezu der gleichen Strecke gibt. Der Kurs überlappt sich, die Marathonläufer kommen mittendrin sogar einmal an Start und Ziel vorbei. Meine aufgeregte Frage an Passanten und Zuschauer wo denn der Marathonkurs sei, konnte von allen richtig beantwortet werden: Hier war überall Marathonkurs! Und so

rannte ich denn los. Dem Sieger des 18-km-Laufes fast in die Arme. Das machte mich zwar etwas stutzig, aber schließlich war es nicht mein Wettbewerb. Und auch die folgenden Läufer die mir entgegenstrebten weckten nicht unbedingt meinen Argwohn. Wohl aber langsam die Ausschilderung. Und dann dämmerte es mir: Natürlich war ich auf dem Marathonkurs, allerdings preschte ich in die falsche Richtung.

Die Steigerung des Gefühls, den Start eines geplanten Marathons 25 km entfernt im Auto zu erleben, ist folgende: Man rennt dem Feld nicht hinterher, sondern entgegen.

Das war nicht nur falsch, sondern wahrlich auch dumm gelaufen. Aber auch Dummes kann man noch irgendwie gerade biegen. Sogar Saudummes. Denn ich stand natürlich vor der Wahl, jetzt aufzugeben, mich bodenlos zu schämen und zu ärgern oder aber einfach zu improvisieren. Ich entschied mich für letzteres und lief auch weiter in die falsche Richtung und zwar nunmehr bewusst. Immer mit dem Blick nach hinten übrigens. Verfolger waren zwar weniger zu fürchten, aber schließlich musste ich mich rückwärts an der Kilometer-Auszeichnung orientieren. Bis zum Halbmarathon-Punkt erntete ich viele verwunderte Blicke, mehr nicht.

Um ja nicht zu wenig zu laufen, hängte ich gleich noch einen Kilometer dran und schlug mich dann zur vorgetäuschten Pinkelpause in die Büsche. Ob ich jemals in meinem Leben noch mal eine Pinkelpause spielen muss? Wohl kaum. Apeldoorn 1988 war also auch so gesehen eine Meilenstein in meinem Leben. Nach dieser Laienspieleinlage lief ich dann wieder zurück und dieses Mal natürlich richtig herum.

Merkwürdigerweise hat mich zu keinem Zeitpunkt irgend jemand angesprochen oder Mogelei vermutet. Vielleicht waren alle zu sehr mit sich selbst beschäftigt. An eine Chipzeitnahme war damals noch nicht zu denken und aus heutiger Sicht ist es schon verwunderlich, dass ein plötzlich aus den Büschen springender Läufer nicht auffiel. Dabei habe ich alles andere als geschummelt und am Ende dann gut und gern 44 Kilometer zurück gelegt. Das war mir egal, Hauptsache es war kein Meter zu wenig.

In 3:07 Stunden war ich im Ziel, reichlich kaputt übrigens, denn die wilde Anfangsphase und die Aufregung forderten ihren Tribut: Ab Kilometer 35 war ich vollkommen platt. Wer die Ergebnisliste von damals noch findet (und Läufer heben so etwas gern auf!) wird hinter meinem Namen ein Sternchen finden. Ich hatte den Veranstalter nämlich später über meinen etwas ungewöhnlichen Laufweg informiert und wollte auf jeden Fall fair handeln. War das mein „dümmster Marathon" von inzwischen über 100? Nein, es ist halt nur etwas dumm gelaufen. Aber es war mein längster Marathon. Und der Beweis, dass man auch die blödesten Situationen noch irgendwie retten kann.

Der Angriff

von Friedrich Iffert

Noch einmal begeben wir uns mit einer Geschichte in die Tierwelt. Nicht nur die Hunde sind des Läufers Leid, nein, manchmal erfolgen die Angriffe auch aus einer ganz anderen Richtung. So geschehen Friedrich Iffert. Jemand wie er, der mittlerweile mehr als 100 Marathonläufe bestritten hat, kann natürlich eine Menge Geschichten von früheren Läufen erzählen, vom Training als auch von diversen Wettkämpfen. Die Begebenheit führt uns in eines der reizvollen Trainingsgebiete rund um Kassel, in die Söhre. Dort begegnete Friedrich einem der natürlichen Gegner von uns Laufenden, nein, dieses Mal nicht einem Hund, sondern, aber lesen Sie selbst:

Sonntagmorgen in der Söhre. Als Vorbereitung zum Hamburg Marathon stehen heute 28 Laufkilometer auf dem Programm.

In der lauen Frühlingsluft hört man erste Vogelstimmen, die richtige Atmosphäre etwas zu entspannen und abzuschalten. Die Beine bewegen sich fast von alleine. Über das kurze Stück Asphalt unter der Hochspannungsleitung hinweg, am Wasserwerk vorbei und dann, etwas matschig und leicht ansteigend, hinein in den Wald. Links säumen Tannen den Weg, rechts stehen hohe Buchen.

Plötzlich, gänzlich unerwartet, hinein in die Idylle, Schscht - ein Schatten über mir, dann ein Luftzug - ganz knapp über meinen Kopf ist ein Mäusebussard gezogen. Hat sich meine Glatze in der Sonne gespiegelt und ihn angelockt?

Schscht, schon wieder ist der Vogel über mir, dieses Mal noch niedriger, noch bedrohlicher!

Meine Knie sind weich, der Puls mit einem Schlag auf 200.

Ich schaue mich um, der Vogel ist in der Ferne noch zu sehen, entschwindet dann über dem Wald. Dann ist er fort. Allmählich beruhige ich mich und laufe langsam weiter.

Am nächsten Sonntag, der gleiche Weg, die gleiche Stelle, und der gleiche Vogel. Wieder werde ich zweimal attackiert. „Elendes Mistvieh!" denke ich, bis der Vogel genug geärgert hat und entschwindet.

So kann das nicht weitergehen. Beim nächsten Mal bewaffne ich mich. Ein zwei Meter langer Ast begleitet mich, beim Training zwar recht hinderlich, aber hoffentlich der geeignete Schutz gegen Angriffe aus der Luft. Kurz vor Erreichen des Überfallortes nehme ich den Stock nach oben und halte ihn über meinen Kopf. Und tatsächlich, da ist er wieder, der angriffslustige Vogel.

Offensichtlich erkennt er meine Absicht, mich dieses Mal zur Wehr zu setzen. Mit leicht geneigtem Kopf beäugt er mich, entscheidet dann aber, sich lieber eine leichtere Beute zu suchen.

Aufatmend setze ich meinen Weg fort.

Einige Tage später lese ich in der Zeitung, dass in einem anderen Wald ebenfalls ein Läufer aus der Luft angegriffen wurde und dabei nicht unerheblich am Kopf verletzt wurde.

Darauf möchte ich es dann doch lieber nicht ankommen lassen. Seither meide ich diesen einen Weg.

Verpasst in Venedig

von Friedrich Iffert

*Und gleich noch eine Episode von Friedrich Iffert. Dieses Mal finden wir uns
mit ihm nicht im Dschungel der wilden Natur, sonder er erzählt vom Laufen im
Großstadtdschungel.*
*Wer kennt sie nicht, eine der häufigsten Fragen vor jedem Wettkampf:
Was ziehe ich heute bloß an?*
*Bloß nicht zu warm, aber zu kalt darf es auch nicht sein! Langärmelig oder
kurz? Und dann soll das alles ja auch noch möglichst nett anzusehen sein.
Es ist also nicht ganz einfach, den richtigen Griff in die Kleiderkiste zu tätigen.
In diesem Fall hat Friedrich dabei leider gründlich daneben gegriffen.*

Winni hatte eine Fahrt zum Venedig – Marathon am 26.10.1997 organisiert. Am Freitag 24.10. war die Abfahrt, welche schon mit Hindernissen stattfand. Meine Frau Helga hatte die Nacht zuvor Wein trinken geübt, hatte den Wein aber mit Essig verwechselt. Oder hatte der Wein schon so lang gestanden, dass er zu Essig geworden war. Sei es wie es sei, sie hat jedenfalls oben und unten nichts drin behalten können.

Nach dem Einladen von Sportlern, Begleitpersonen und Gepäck am Auestadion und in Niederaula ging es in geruhsamer Fahrt über den Brenner zum gebuchten Hotel. Dieses lag sehr günstig nur cirk. 500 Meter vom Start des Marathons entfernt.

Helga hatte sich von Salzstangen und Mineralwasser ernährt, und es ging ihr wieder etwas besser.

Am Samstag war Venedig ansehen angesagt. Die Gruppe trennte sich sehr schnell, und jeder schaute sich das an, was ihn am meisten interessierte. Es war lausig kalt, und so war unser erster Einkauf ein warmes Sweatshirt. Dann folgte der obligatorische Bummel durch Venedig mit Mittagessen, etwas abseits vom großen Rummel, aber doch in der Nähe vom Markusplatz. Der Kellner wollte uns beim Kassieren besch..., zum Pech für ihn haben wir es aber gemerkt. Dafür gab es kein Trinkgeld für ihn. Er hat keine Miene verzogen, bestimmt klappt es beim nächsten Gast, das gleicht sich dann wieder aus.

Nach dem Abendessen mit Nudeln und einer ruhigen Nacht, dann am Sonntagmorgen die übliche Hektik vor dem Start. Die große Frage wie so oft: Was ziehe ich bloß an?

Schon um 7 Uhr war Abfahrt für die Schlachtenbummler, und da war es noch sehr kalt. Ich entschloss, zum Laufen ein City-Lauf-T-Shirt und darüber das PSV – Hemd ziehen, was ich auch meiner Frau sagte, damit sie mich später erkennen würde

und im Ziel begrüßen könnte. Dann verließen uns die Schlachtenbummler. Kurz darauf, mit einem Mal, blauer Himmel. Es wurde immer wärmer. Was tun? Ich beschloss, doch nur im T-Shirt zu laufen.

Und dann war auch schon der Start. Die Strecke, nun ja, eigentlich nicht so toll.

Erst einmal ging es 10 Kilometer an einem Fluss entlang. Dann durch Industriegebiete, Vororte von Venedig auf dem Festland, bis ein langer Autodamm nach Venedig hineinführte. Dort noch durch Militärgelände, über eine Pontonbrücke, und über einige Kanalbrücken dann endlich hinein ins Ziel. Knapp unter vier Stunden hatte ich es schließlich geschafft.

Im Zielbereich mit relativ wenig Zuschauern wunderte ich mich. Wo blieb die erwartete Begrüßung durch Helga? Nichts kam. Also begann ich, meine Frau samt den anderen Schlachtenbummlern zu suchen. Aber nichts, kein Mensch war zu finden. Welch eine Enttäuschung!

Alle anderen von uns, die mitgelaufen waren, dürften schon eine Weile vor mir im Ziel gewesen sein. Ich vermutete, sie waren bereits zum Bus zurückgegangen, ohne auch noch auf mich zu warten. Vor lauter Enttäuschung hatte ich sogar keine Lust, mit dem Schiff zum Bus zu fahren. Ich ging zu Fuß, traurig und allein, durch die engen Gassen von Venedig zum Parkplatz.

Im Bus tatsächlich, alle waren schon da, und froh (besonders meine Frau), mich gesund wieder zu sehen. Natürlich hatten sie auf mich gewartet, aber keiner hatte mich erkannt, als ich ins Ziel lief.

Ich zog mir endlich trockene Sachen an, wollte aber mit niemand reden und auch keinen Menschen sehen. So setzte ich mich bis zur Abfahrt des Busses auf eine Kaimauer und blies Trübsal.

Meine Frau hatte am nächsten Tag Geburtstag, wollte aber absolut nichts von mir wissen. Sie war der Meinung , wir hätten uns nur verpasst, weil ich das PSV-T-Shirt nicht an hatte - aber ich habe ja auch noch ein Gesicht und eine Figur, woran man mich erkennen kann.

Die Rückfahrt verlief für Helga und mich in gedrückter Stimmung. Seitdem haben wir die Kleidung beim Marathon besser abge-sprochen und haben uns auch nicht mehr verpasst.

Ich darf auch weiterhin Marathon laufen und Helga begleitet und unterstützt mich im-mer. Aber über Venedig haben wir sehr lan-ge nicht gesprochen.

Vom Schwanengesang ...

von Lothar Mann

Lothar Mann berichtete in einem früheren Buch mit dem Titel ,Und ewig lockt die Herausforderung' über Abenteuern von Grönland bis zum Mount Everest. In der folgenden Episode geht es auch recht abenteuerlich zu, obwohl Lothar dieses Mal gar nicht weit verreisen musste, um das Abenteuer zu erleben. Lothar Mann, schon über viele Jahre hinweg aktiv im sportlichen Leben, hatte ein wahres ,tierisches Vergnügen' bei einem eigentlich geplanten Entspannungslauf.

Es trug sich zu, als ich während eines leichtathletischen Mittelstreckentrainings in der Kasseler Karlsaue unfreiwillig eine lange Sprinteinlage zum Besten geben musste.

Zur Vorbereitung auf die anstehende Bahnsaison absolvierte ich zu dieser Zeit neben meinem üblichen Training auf der Kunststoffbahn auch noch sogenannte Erholungsläufe, abseits der Laufbahn in der freien Natur.

Da ich damals in unmittelbarer Umgebung der Aue wohnte, bot es sich natürlich an, eben in dieser meine ‚Erholungskilometer' abzuspulen.

Diese Läufe waren im Vergleich mit dem anderen Training geradezu ein Genuss. Das lockere Laufen im sogenannten ‚Sauerstoffausgleich' war die angenehmste und erholsamste Art zu trainieren. Man konnte joggenderweise seinen Gedanken nachgehen. Während ich also ziemlich ‚träumend' neben dem künstlich angelegten und bewässerten Hirschgraben entlang trabte, vernahm ich plötzlich recht eigenartig klingende Töne.

Ein röhrendes Kreischen war zu hören, welches ich zunächst überhaupt nicht zuordnen konnte.

Da diese Geräusche aber ziemlich neugierig machten, und ich sowieso ein recht neugieriger Mensch war (und bin), lief ich im weiteren Verlauf etwas rechts des Weges, um einen Einblick in die Ursache dieser seltsam klingenden Töne zu erlangen.

Schnell erkannte ich, dass es sich um ein Schwanenpaar mit Nachwuchs handelte. Die jungen Schwäne waren noch winzig und recht unbeholfen. Ich schaute ihnen einen kurzen Moment zu und lief dann weiter und versuchte, den verlorenen Gedankenfaden wieder zu gewinnen.

Soeben war es mir gelungen, an den Gedanken anzuknüpfen, da schreckte mich schon das nächste unerwartete Geräusch aus meinen Gedanken. Urplötzlich ertönte ein lautstarkes Fauchen unmittelbar seitlich vor mir.

Mein Schrecken war so groß, dass ich automatisch das tat, was ein Läufer in dieser Situation tut - kurzer Antritt wie ein Sprinter und schon spurtete ich los. Im Losrennen erkannte ich die Gefahr. Ein wild flatterndes, dem Wasser entsteigendes, zunächst ‚patschelndes' und dann allmählich abhebendes weißes Ungetüm mit langem Hals kam von der Seite auf mich zu.

Das Adrenalin schoss mir in die Glieder. Ich war tatsächlich auf der Flucht vor einem ‚irren' Schwan.

Obwohl ich den Sprint noch anzog und die Fußgängerbrücke in einer Hundert-Meter-Bestzeit erreichte, ließ der langhalsige Verfolger immer noch nicht von mir ab. Im Gegenteil, das Fauchen in Verbindung mit kräftigem Flügelschlag schien immer näher zu kommen.

Jetzt musste ich mit Tricks arbeiten. Ich täuschte links an und raste im letzten Moment nach rechts über die Brücke hinweg und immer weiter, in der Hoffnung zu entkommen.

„Dieses extreme Kurvenmanöver müsste den Schwan eigentlich verwirrt haben," hoffte ich. Ich rannte wie von Sinnen. Die Sauerstoffschuld im Körper wurde immer größer. Die Oberschenkel ‚brannten' regelrecht.

„Dieses Tempo kannst Du nicht mehr lange halten ..." dachte ich und schaute vorsichtig hinter mich. Tatsächlich, der grantige Bursche hatte endlich aufgegeben, stellte ich erleichtert fest.

In den folgenden Tagen kam ich noch öfter an dieser Stelle vorbei, es war nun einmal ‚meine Runde'. Nie wieder sollte ich zum Glück in diesem Maß die Aufmerksamkeit der Schwanenfamilie erregen. Sie schienen mich im Allgemeinen zu ignorieren oder als harmlosen und sich ohne Grund schnell bewegenden Zweibeiner, zu akzeptieren oder gar zu bedauern.

Apropos bedauern. Es war gar nicht so sehr lange nach diesem Vorfall. Nicht weit entfernt vom damaligen Ort des Geschehens, im selben Park und wieder in der Nähe einer Brücke stand ich, um angehenden Polizeibeamten im Rahmen ihrer Sportausbildung die Leistungen im Fünftausendmeter-Lauf abzunehmen.

Der Teich, um den gelaufen wurde, war zugefroren. Obwohl die Temperaturen schon wieder erheblich milder waren, hatte das Eis, begünstigt durch die vorherige lange Frostperiode, sämtliche Gewässer noch fest im Griff.

Ein Kollege von mir und ich selbst starteten das Teilnehmerfeld. Mit Stoppuhren in den Händen warteten wir dann auf besagter Brücke, beobachteten die Läufer und wollten ihnen dann, nach den drei zu absolvierenden Runden, die jeweils erbrachten Laufleistungen stoppen und dokumentieren.

Während wir warteten entdeckten wir drei Schwäne auf dem Eis. Die ließen erkennen, dass sie nicht länger auf dem zugefrorenen See verweilen wollten.

Wir schauten ihnen gebannt zu. Schließlich kann man den Start eines Schwanes von einer Eisfläche nicht jeden Tag beobachten. Folgerichtig ließen wir die großen Vögel nicht mehr aus den Augen.

Einem Albatros ähnlich nahmen die drei Vögel Anlauf. Bedingt durch die glatte Eisfläche boten die Füße, mit ihren Schwimmhäuten ausgestattet, nicht den richtigen Grip für einen sauberen Start.

Trotz heftiger Unterstützung durch die Flügel erreichten die Tiere nicht die erforderliche Geschwindigkeit, um sich richtig vom Eis lösen und an Höhe gewinnen zu können.

Dies veranlasste zwei von ihnen, den Startversuch abzubrechen. Rutschend und sich drehend landeten sie schließlich wieder auf der Eisfläche, um dann recht abrupt vom Ufer zum Halten gebracht zu werden.

Doch unsere Aufmerksamkeit galt dem dritten Kameraden, der den Start durchzog. Völlig vergessen waren unsere Fünftausendmeter-Läufer, die fortan keine Zwischenzeiten mehr erhielten. Wir blickten nur noch zu dem sich schwerfällig erhebenden Langhals.

„Das kann nicht funktionieren!" sagte ich zu meinem Kollegen, der ebenfalls gebannt die Flugbahn des Schwanes verfolgte. Unsere Blicke galten den hoch aufragenden Eichen und Buchen, die zahlreich in der Nähe des Teiches standen.

Und genau dorthin verlief die nur langsam ansteigende, einer Boeing nicht unähnliche, Flugkurve.

„Das gibt es doch nicht..." dachte ich noch, da schlug der Schwan bereits ungebremst in einer mächtigen Buche ein.

Mit lautstarkem Schwanengesang stürzte er, wild flatternd, unter reichlichem Gefiederverlust, zwischen den Ästen hindurch bis auf den Boden der rauen Wirklichkeit zurück. Zu unserem Erstaunen schien das, allerdings elendiglich aussehende, Tier aber keine größeren Verletzungen davon getragen zu haben.

Der unfreiwillig gerupfte Schwan watschelte, gerade so als wäre nichts geschehen, zurück zu seinen Artgenossen auf die Eisfläche.

Einige Tage später wurde ich von einem Teilnehmer des Laufes gefragt, warum wir bei der Zeitnahme eigentlich ständig gegrinst hätten. Außerdem sei zwischendurch auch einmal schallendes Gelächter zu vernehmen gewesen.

Ich antwortete nur: „Das galt nicht euch. Sondern dem Schwanengesang."

Doping? Aber natürlich bitte!

von Günter Siebrecht

Nicht immer müssen die geflügelten Wesen allerdings als Gegner betrachtet werden. Es gibt durchaus Ausnahmen, wo mit ihrer Hilfe, auch ohne wilde Verfolgungsjagden, sportliche Höchstleistungen erreicht werden können - oder sind das nur Gerüchte?
Günter Siebrecht jedenfalls, seit langen Jahren Mitglied und aktiver Sportler im PSV Grün-Weiß-Kassel, schreibt die unbestritten herausragenden Erfolge dieses Vereines, in dessen Reihen sich jede Menge deutscher Meister, Europameister, Olympiateilnehmer und internationaler Spitzensportlerinnen und -sportler finden, nicht nur der Betreuung durch den langjährigen Marathon-Bundestrainer Winfried Aufenanger zu.
Er will uns glauben machen, dass es noch ein kleines Geheimnis zu dieser Erfolgsstory gibt und gewährt uns einen heimlichen Blick in die Hexenküche hinter den Kulissen. Und wer das nicht glauben mag, der ist zu Selbstversuchen jederzeit gerne eingeladen.

Die grün-weißen Leistungsträger, aber auch die nordhessischen Freizeitläufer sind aus den hessischen-, deutschen-, europäischen- und sogar Weltjahresbestenlisten nicht mehr wegzudenken.

Bei solch einem hohen Leistungsniveau kommen Neid, Missgunst und auch Zweifel bei der Konkurrenz auf. Was kann solche Leistungsexplosionen hervorrufen? Geht dies noch mit rechten Dingen zu?

Die leistungssteigernden, nur dem Verein selbst bekannten Mittel versetzen die Konkurrenz in Schock, Hilflosigkeit und Handlungsunfähigkeit.

Selbstverständlich kann das Geheimnis dieses hohen Leistungsniveaus hier nur andeutungsweise gelüftet werden. Bei diesem, bisher noch nicht auf der Dopingliste aufgeführten Produkt der Nahrungsaufnahme handelt es sich um ein bereits in der Antike angewandtes Mittel.

Es ist ein flüssiges, bisweilen dickflüssiges oder auch kristallines Naturprodukt, welches von Tieren der Gruppe der Hymenopteren (Hautflügler) erzeugt wird. Diese Spezies ist in der Lage, Pflanzenprodukte und Sekrete von lebenden Pflanzenteilen aufzunehmen, anzureichern, in Wachs zu speichern und dort reifen zu lassen

Bei späterer Anwendung wird die Wirkung auf den Menschen wie folgt beschrieben:

Der Kraftstoff liegt in stark gesättigter Lösung, quasi als Superbenzin, für den

Körper vor und wird dadurch von den inneren Organen beschleunigt in das Blut aufgenommen. Dort wird er, begünstigt durch den angeregten Stoffwechsel des Spitzensportlers, an die Stellen gebracht, wo er, metabolisiert, zu Höchstleistungen befähigt.

Auch nach dem erfolgreichen Wettkampf werden die ausgepowerten Glykogenspeicher, dank des Zauberelixiers, binnen Kürze wieder vollständig regeneriert.

Der in den Hochebenen nordöstlich von Kassel lebende Günter Siebrecht optimiert den Powerstoff seit Jahren mit Hilfe zahlreicher Selbstversuche. Das Geheimnis bleibt allerdings derzeit für den PSV Grün-Weiß Kassel patentiert und hoch geschützt.

Die Last mit dem Lästern

von Annette Daniek

Auch die nächste Geschichte entführt uns in die Kasseler Karlsaue. Leserinnen und Lesern, die sich hierüber vielleicht wundern mögen sei verraten, dass dort, praktisch mitten in der Stadt, ein wunderschönes Laufareal zum Entspannen und Trainieren geradezu einlädt.

Wer einmal nach Kassel kommt, der sollte unbedingt seine Laufschuhe mitbringen und selbst die herrlichen Wege unter die Füße nehmen. In der folgenden Geschichte allerdings wurde die Freude am Laufen dann doch ein klein wenig getrübt.

Häufig geschieht es, dass wir Laufenden von Kommentaren irgendwelcher Zeitgenossen begleitet werden. Das reicht vom einfallslosen „Hopp Hopp Hopp" soeben passierter Wandergruppen bis hin zu anderen Titulierungen, manchmal amüsant, häufig aber auch ärgerlich.

Pikant wird es dann, wenn solche Kommentare, die eigentlich nicht gehört oder verstanden werden sollten, dennoch wahrgenommen und kommentiert zurückgegeben werden. So geschehen bei einem Trainingsläufchen in der Karlsaue und erzählt von Annette Daniek aus Kassel, die als Hobbyläuferin dort gerne ihre Runden dreht.

Es ist unbestritten ein idealer und beliebter Trainingsort, die Karlsaue in Kassel. Zahlreich sind dort Läuferinnen, Läufer, Walker/-innen und Spaziergänger anzutreffen.

Insbesondere an schönen, sonnigen Sonn- und Feiertagen flanieren unzählige Menschen die Wege der Aue entlang.

Gelegentlich bekommt man beim Vorbeilaufen auch gute Ratschläge mit auf den Weg gegeben, insbesondere von auf den Bänken sitzenden Besuchern des Parks. Die versüßen sich nicht selten die gute Atmosphäre des Parks zusätzlich noch mit Rauchen oder einem Bierchen.

Manchmal trifft man dort auch die Gärtner, besonders während der Woche am frühen Morgen.

Ein auffälliger Trubel herrscht in und rund um die Aue, wenn in der Stadt Festlichkeiten wie zum Beispiel der Zissel stattfinden. Dann werden schon Tage zuvor Vorbereitungen getroffen. Es werden Bierstände aufgebaut, und Bühnen und Bänke aufgestellt.

Vor zwei Jahren lief ich mit einer Freundin während solcher Vorbereitungsarbeiten durch die Aue. Auf dem Weg begegnete uns eine Gruppe polnischer Arbeiter, die ein Zelt für das Fest aufstellten. Offensichtlich hatten sie trotz der Arbeit ausreichend Zeit, durch die Gegend zu schauen, und über alles Mögliche in ihrer Heimatsprache, polnisch, zu lästern.

Dabei vergaßen sie wohl, dass eine ganze Reihe Einheimischer sie verstehen können, wie zum Beispiel ich als Spätaussiedlerin.

So lästerten sie ungeniert über unsere sportlichen Aktivitäten und Strapazen. Ein Arbeiter titulierte die schlanken Beine meiner Begleiterin als Streichhölzer, an mir selbst und meiner pummeligen Figur störte es die Arbeiter, dass ‚Alles bei jeder Bewegung zappelte'.

Als es mir zuviel wurde, rief ich den Arbeitern - ebenfalls auf polnisch - zu, und fragte, ob sie sich in ihren urteilsfreudigen Beobachtungen denn wirklich sicher seien. Da machten sie aber auf einmal lange Gesichter - und es war mit einem Mal Ruhe. Damit hatten sie wohl überhaupt nicht gerechnet, dass irgendjemand die heimlichen Lästereien verstehen könnte.

Auf dem Rückweg von unserem Läufchen kamen wir nochmals an der Gruppe Arbeiter vorbei.

Dieses Mal konzentrierten sie sich allerdings augenfällig auf ihre Zeltaufbauarbeiten und fanden unsere sportlichen Aktivitäten gar nicht mehr so interessant.

Blindflug

von Christoph Külzer-Schröder

In der folgenden Geschichte geht es herunter von den befestigten Parkwegen und hinein in das sportliche Trainingsgeschehen in der wilden Natur.
.Die Geschichte stammt von Christoph Külzer-Schröder. Vor gut zehn Jahren von Frankfurt nach Ahnatal, nördlich von Kassel gelegen, gezogen, hat er die Gegend dort lieben gelernt, zumal sie für einen Läufer geradezu ideale Bedingungen bietet.
Besonders abseits der vielbegangenen Wege kann man dort in Wald und sauerstoffreicher Luft abschalten und zu sich finden.
Bei dem beschriebenen Trainingslauf wäre etwas mehr Aufmerksamkeit allerdings vorteilhaft gewesen.
Er begann, wie so viele andere schon zuvor. Ein wenig Unterhaltung, ein wenig Neugierde, und dann geschieht das Unerwartete.
Ein Erlebnis der ‚ganz besonderen Art' von dem hier berichtet wird. Und Nachahmung wird in diesem Fall keineswegs empfohlen.

Es war ein wunderschöner Samstagnachmittag im Mai, wie geschaffen für einen entspannenden Trainingslauf durch den Wald. Und so waren wir bereits seit einer halben Stunde unterwegs, mein Lauffreund Bernd und ich. Wie schon so oft, nutzten wir die Gelegenheit, beim Laufen ein wenig über dieses und jenes zu philosophieren, Gedanken auszutauschen und Neuigkeiten zu erzählen.

Irgendwie kamen wir schließlich auf das Laufen selbst zu sprechen. Vor gar nicht langer Zeit hatten wir am Syltlauf teilgenommen, einem traumhaft schönen Laufwettbewerb, der die Insel von Süd nach Nord in voller Länge durchquert, und reizvolle landschaftliche Eindrücke bereithält.

Hierüber tauschten wir die verschiedensten unserer Erlebnisse über diese 33,333 Kilometer Laufstrecke aus.

„Und dann war da doch tatsächlich ein Läufer dabei, der blind die Strecke bewältigt hat!" meinte auf einmal Bernd. „Eine ganze Weile bin ich hinter dem hergelaufen. Ein anderer hat ihn geführt, und die zwei waren ganz schön schnell unterwegs."

Auch ich selbst hatte bei einem Stadtmarathon schon das gleiche beobachtet, und auch ich war seinerzeit fasziniert von der scheinbaren Sicherheit, mit der sich der blinde Läufer in recht flottem Tempo bewegte und über die Strecke führen ließ.

Dieses Thema ließ uns nicht mehr los. Wir überlegten hin und her, wie dieses Gefühl wohl sein muss, ohne sehen zu können, durch die Lande zu rennen.

„Das müsste man wirklich einmal ausprobieren!"

Irgendwie stand dieser Gedanke auf einmal im Raum. Und er ließ uns nicht mehr los. Wir liefen gerade auf einem recht langen geraden Stück Waldweg entlang, welches einen hindernisfreien Parcours anzeigte. Lediglich am Wegesrand zeugten große matschige Pfützen von den starken Regenfällen der vergangenen Tage.

Ich war entschlossen, das ‚Blindlaufen' nun zu erproben. „Wir probieren das jetzt mal aus" sagten ich also, lief an Bernd heran und hakte meinen Arm unter seinen unter. Dann schloss ich die Augen und gab mich der neuen Erfahrung hin.

Wohl wissend, dass neben mir mein bewährter und absolut zuverlässiger Freund lief und mich sicher führte, war es dennoch ein ganz und gar seltsames Gefühl, so in das Nichts hineinzurennen. Als Kinder hatten wir früher solche Spiele manchmal gespielt und uns gegenseitig mit geschlossenen Augen umhergeführt, aber nicht selten endete das mit ein paar Beulen. In dieser Erinnerung wollte ich immer wieder den Kopf am Liebsten ein wenig zurücknehmen oder zumindest etwas blinzeln.

Brav und tapfer hielt ich dennoch die Augen geschlossen und war schon ein ganzes Stück so gelaufen, vertrauend auf die wachsamen Augen meines Führers.

„Irgendwie habe ich das Gefühl, wir laufen die ganze Zeit nach links!" meldete Bernd sich plötzlich zu Wort.

Schlagartig veränderte sich die gesamte Szenerie in meiner Gedankenwelt, purzelten die Gedanken vom tiefen Zutrauen zu meinem Führer in eine ganz andere Richtung.

Wieso ‚hat er das Gefühl'? Wenn nicht er das weiß, wer denn dann? In dieser eben getroffenen Aussage war eine ganz beunruhigende Botschaft enthalten, das war mir sofort klar.

Eigentlich hätte ich erwartet, dass er mich vor einem Hindernis warnen will, oder auf den rechten Pfad zurückbringen will, wenn er etwas sagt, aber wenn er das Gefühl hat nach links zu laufen, dann kann das nur Eines bedeuten. Bernd musste die Augen geschlossen haben!

Entsetzt riss ich die meinen weit auf und stoppte abrupt den Vorwärtsdrang, als auch schon der Boden unter meinen Füßen sich veränderte und ich mit einem satten

Schmatzen tief im matschigen Wegesrand einsank.

Auch Bernd hatte die Augen wieder offen, und wir schauten uns überrascht an.

„Hast Du etwa auch...?"

„Aber ich hatte doch meine Augen geschlossen!"

Tja, da hatten wir im Moment als ich sagte „Das probieren wir jetzt aus" wohl beide die Augen geschlossen, jeweils dem Anderen blind vertrauend, und waren, freundschaftlich untergehakt, nebeneinander mit geschlossenen Augen in unvermindertem Lauftempo durch den Wald gerannt.

Zum großen Glück hatte dieser ‚Blindflug' lediglich in einer tiefen Pfütze geendet, und nicht an einem der Bäume, die naturgemäß in einem Wald reichlich herumstehen. Das hätte böse ins Auge gehen können.

Da es aber nun einmal gutgegangen war, konnten wir ausgiebig auf dem Rest des Weges über diese ‚dumm gelaufene' Episode lachen. Und manch einer der Spaziergänger, dem wir noch begegneten, wunderte sich sicherlich über die Lachanfälle, die uns beim Laufen immer wieder durchschüttelten.

Fundsache

von Traugott Böhlke

*Aus dem hohen Norden, aus Wilhelmshaven, erreichte uns ein Beitrag von
Traugott Böhlke.
Er beschäftigt sich damit, was einem in einem langen Läuferleben so alles vor
die Füße kommen kann, wenn man nur die Augen offen hält.
Und es ist erstaunlich, was Traugott schon begegnet ist. Menschen, Tiere, und
allerlei mehr ist auf den Straßen und Wegen und am Rande der Strecken zu
finden. Zwei von seinen zahlreichen ,Fundsachen' möchten wir in der folgenden
Geschichte etwas eingehender vorstellen, denn so etwas findet man sicherlich
nicht alle Tage.*

Ein typischer „Allein-Läufer", also jemand, der irgendwann im Laufe seines Tagesablaufes je nach Möglichkeit (Zeit, Wetter, Lust usw.) losläuft, muss sich nicht auf Gespräche mit Mitläufern einlassen (was manchmal durchaus auch ganz schön ist), er schaltet ab vom Tagesgeschehen, bedenkt Dinge und findet sich selbst.

Manchmal allerdings auch anderes. Viele Fundsachen liegen auf meinem Läuferweg: Münzen, Uhren, Schlüsselbünde, gestohlene Fahrräder. Aufmerksame Läuferaugen sehen viel. Und zu jedem Fundstück gäbe es eine Geschichte!

Kurios diese hier: Beim Frankfurt-Marathon 2001 fand ich einige Kilometer nach dem Start mitten im Gewimmel des Läuferfeldes einen gelben Chip.

„Armer Kollege" dachte ich, „nun rackert er sich ab, lange 42,195 Kilometer, und im Ziel: Nichts. Keine Zeit, keine Platzierung, keine Urkunde. Murphy lässt grüßen: Shit happens."

Vorsichtig - man will ja schließlich niemanden der Läufer behindern oder gar zu Fall bringen - laufe ich die paar Schritte zu meiner Fundsache zurück: Tatsächlich, ein gelber Zeitnahme-Chip, am Rand etwas beschädigt, abgebrochen. Doch wo ist der, der ihn verloren hat? Vermutlich - nichtsahnend - weit vorne.

Ich laufe weiter, den Fund-Chip unschlüssig in der Hand.

Wohin damit? Läuferhosen haben keine Taschen (meistens jedenfalls). Also: Ab damit in den Schuh.

Nun erst einmal weiterlaufen. Im Ziel den Chip dann abgeben. So wird es richtig sein.

Irgendwann habe ich den Fund-Chip im Schuh dann vergessen, gedrückt hat er nicht.

Und ich überquere rote Kontroll-Matten: 5 km, 10 km, schließlich Halbmarathon kurz vor Hoechst, und nach der langen Mainzer Landstraße und den letzten Kilometern durch Frankfurts City endlich das Ziel.

Beim Ausziehen der Schuhe: „Mensch, der Fund-Chip!" Und: „Eigentlich müsste der ja überall an den Kontrollpunkten registriert worden sein."

Ich gebe den Chip ab, zum Erzählen der dazugehörigen Geschichte bleibt keine Zeit, das Gedrängel ist zu groß.

Vermutlich hat ein paar Wochen später irgendein mir unbekannter Läufer seine Urkunde bekommen. Eine Urkunde, mit der er nicht mehr gerechnet hat, nicht mehr rechnen konnte, mit einer (für ihn oder sie sicherlich) entsetzlich schlechten Zeit.

Und fragt sich bis heute: Wie konnte das geschehen?

Und noch eine Fundsache. Ganz anderer Art:

Auf einsamer Landstraße bei Regen und Dunkelheit: eine Frau, ratlos vor ihrem Auto stehend. Kein Benzin. Und auch kein Handy. Ich - schwitzend - : „Kann ich helfen?" „Gute Frage. Aber wie?" - „Keine Ahnung. Vielleicht Hilfe holen, telefonieren?" – Ratlosigkeit.

„Oder, ich könnte für Sie Benzin holen! Denn dass andere Autos hier vorbeikommen und helfen könnten, ist - ich kenne diese Gegend - eher unwahrscheinlich."

Und so finde ich mich Minuten später, laufend mit einem leeren Benzinkanister unter dem Arm, auf dem Weg in den Ort.

Ein toller Anblick, schießt es mir durch den Kopf: Läufer mit Benzinkanister. Trappatoni fällt mir ein: „Flasche leer."

Ich laufe nach Hause, springe ins Auto, rufe meiner Frau noch zu, warum aus dem Läufer nun ein Fahrer wird, fahre zur nächsten Tankstelle, fülle den Kanister, zahle und mache mich auf den Weg zu meiner Fund-Frau.

„Sie hatten Recht. In der Zwischenzeit ist hier wirklich kein anderes Auto vorbeigekommen."

Wir betanken ihr Auto, ich erhalte das ausgelegte Geld, bekomme die freundliche Einladung: „Kommen Sie doch einmal gelegentlich in mein Blumengeschäft. Ich binde Ihnen einen schönen Blumenstrauß!"

Hupend der Abschied.

Wie war das? Laufen, Suchen, Finden.

Und manchmal auch nur: Laufen – Finden.

Runner's high when snow is deep

von Ralf Schmidt

Ein Lauferlebnis im tiefen Schnee, das ist heutzutage vielen von uns kaum mehr vergönnt. Umso schöner, wenn sich die Gelegenheit hierzu ergibt. Ralf Schmidt aus Friedberg hat die Gelegenheit zu solch einem, in seiner Gegend selten gewordenen Lauferlebnis, sofort beim Schopf ergriffen, die Laufschuhe angezogen, und dann, noch unter dem Eindruck des gerade Erlebten, seine Eindrücke zu Papier gebracht.

Er formulierte die Zusendung mit den folgenden Begleitworten:

„Es muss nicht immer eine neue Bestzeit sein oder eine begeisternde Zuschauermasse, die einen Lauf im Gedächtnis fest einbrennen. Manchmal ist es 'nur' eine wunderschöne Landschaft, eine ungewöhnliche Begegnung unterwegs oder aber ein in unseren Gefilden doch selten gewordenes Naturereignis, so erlebt am ersten Februar-Wochenende dieses Jahres. Ich denke, dass sich der eine oder andere in den Gedanken während des Laufens wiederfinden kann."

Weiß, weiß, alles weiß. Unglaublich, gestern noch trist und grau und jetzt dicke weiße Pracht. Hurtig in die schnellen Schuhe geschlüpft, die Mütze über die Ohren gezogen und raus in das Flockenmeer. Auf dem Äppelwoi-Weg ärgern mich tausend kleine Schneekristalle. Ihr Aufprall im Gesicht fühlt sich wie feine Nadelstiche an.

Vorbei geht es an vermummten Gestalten, die das, in unserer Gegend, selten gewordene Wintererlebnis genießen, hinauf zum Kirschenberg. Da wird fleißig gerodelt, auch wenn Papa noch die Richtung vorgeben muss.

„Guck mal', da joggt ja einer" hör' ich ein jugendliches Stimmchem ganz erstaunt. Ach, Kleiner, wenn Du wüsstest wie viel Spaß das macht, denk ich und stürme weiter den Berg hinauf. Hinüber über die Autobahnbrücke, weiter Richtung Forsthaus Winterstein.

Ich übe mich im Fährtenlesen, da waren schon ein paar Autos unterwegs, und da zweigte ein Herrchen oder Frauchen mit Hund nach rechts ins Dickicht. Der neue Schnee verrät alles.

Kurz vor dem Parkplatz am Forsthaus biege ich ab nach links in Richtung hinauf zum Steinkopf. Jetzt werden die Spuren spärlicher. Eigentlich sind es nur noch zwei, denen ich folge. Ein großes Paar Füße neben einem kleinen Paar. Papa mit Sohn? Ich rätsele ein Weile. Dann zeigen die Fußspitzen der beiden Paare plötzlich direkt aufeinander. Oho! Aha, ein zierlicher Fuß muss nicht unbedingt ein Kinderfuß sein.

Bevor es richtig steil wird am Steinkopf verlässt mich das unbekannte Spuren-Pärchen. Doch kurze Zeit später gilt es wieder neuen Abdrücken im Schnee zu folgen.

Der Schnee kostet doch einige Kraft. Die Schritte werden kürzer, die Lunge pfeift auf dem, sagen wir, vorletzten Loch, aber es wird nicht stehen geblieben. Dann ist der Gipfel erreicht, ein Urschrei der Entspannung entströmt meinem Hals, der große Fernmelde-Turm hat dafür nur ein eisiges Schweigen übrig. Wie dem auch sei, nach kurzer Rast zum Strecken und Dehnen geht es wieder bergab. Eine große Schleife hatte ich mir vorgenommen ohne die Richtung vorher genau zu bestimmen. Der Weg führt mich grob in Richtung Kapersburg.

Bei der übernächsten Kreuzung werde ich mir unsicher wie es weitergeht, doch der Weg geradeaus, schnurgerade und noch unberührt an diesem Tag zieht mich richtiggehend an. In Wegesmitte, da, wo der Schnee am tiefsten ist, muss ich durch. Wie ein Schneepflug. Welch ein Hochgefühl, kaum zu beschreiben.

Ich laufe einfach weiter ohne mir genaue Gedanken zu machen wo der Weg hinführt. Egal, ich werd' schon wieder heimkommen! Irgendwie laufen die Beine von selbst, jeder Schritt wirbelt eine kleine Schneefontäne auf. Das Haus da im Wald kenn' ich doch. Jetzt weiß ich wieder wo ich gerade bin, ist direkt schade.

So auf unbekannten, unberührten Pfaden durch den Schnee zu laufen ist schon ein tolles Erlebnis. An einer Hütte mache ich noch ein Paar Dehnübungen und erspähc nach langer Zeit wieder ein menschliches Wesen. Frauchen mit Hund, ein Boxer, durchstreifen den Wald.

Ich folge den beiden, überhole sie und ziehe meines Weges, hab sie bald schon aus den Gedanken gestrichen. Ah, da, noch so ein Laufverrückter. Er kommt mir entgegen, man grüßt sich und weiter geht es. Stetig bergab ich kann das Rauschen der Autobahn bereits hören und ein Tapsen im Schnee hinter mir.

Oha, das liebe Hundchen von vorhin, ist wohl dem Frauchen davongelaufen. Ich bleibe lieber stehen. Mit einem gewinnenden Lächeln von einem Ohr zum anderen steht der Boxer da vor mir. So ganz wohl ist mir jetzt nicht, aber nachdem er nicht sofort zubeißt, auch nicht bellt oder knurrt, erdreiste ich mich ihm kurz den Nacken zu kraulen.

Das war wohl das Zeichen für ihn, dass ich keine lohnende Jagdbeute bin und er trollt sich seines Weges. Ich selbst trolle mich, nach einem kurzen Durchatmen, auch. Da ist schon die Autobahnbrücke bei Rosbach. Die Heimat naht. Am Löwenhof regnet es schon. Das war es wohl mit der weißen Pracht. Na ja, egal, ob Boxer oder Regen, diesen Lauf-Hochgenuss im Schnee kann mir keiner mehr nehmen.

Marathon im Bad der Unverstandenen Frauen

von Elisabeth Herms-Lübbe

Ein ganz normaler Marathonlauf, mitten im Sommer. Eigentlich nichts besonders Aufregendes, sollte man glauben, erst recht, wenn die Teilnehmerin schon eine Menge Marathonkilometer in den Beinen hat.
Und dann, völlig unerwartet, kommt die Sabotage von der Seite, von der sie am Wenigsten erwartet wurde.
Elisabeth Herms-Lübbe aus Kassel erzählt davon, was passieren kann, wenn man als ‚Gewohnheitstäterin' der Kleiderordnung nicht mehr die richtige Beachtung schenkt.

ein Mann hatte auf seiner ersten Hochzeitsreise Bad Pyrmont besucht. Das war vor Jahrzehnten.

Seither trägt der Ort in seinen Erzählungen immer das Prädikat: „Bad der Unverstandenen Frauen". Wahrscheinlich konnten früher dort Frauenleiden und Unfruchtbarkeit erfolgreich geheilt werden.

Jetzt kann man dort alljährlich Ende Juli Marathon laufen. Der Veranstalter nennt ihn den „Classic-Naturmarathon". Die Ausschreibung, garniert mit netten Kleinigkeiten, hörte sich freundlich an. Man hatte auch an die mitreisenden Angehörigkeiten gedacht und gewährte denen unter Anderem freien Eintritt in den Kurpark.

Auch die Idee, das Zielfoto auf die Urkunde zu bringen, gefiel mir. Zudem finden im Hochsommer sonst nur wenige Marathonläufe statt, und der schattige Wald rund um Bad Pyrmont schützt vor starker Sonne. So entschloss ich mich, im Sommer 2002 daran teil zu nehmen.

Auf dem Weg von Kassel nach Bad Pyrmont strahlte die Sonne hell und heiß und ließ den vielen Regen der vergangenen Tage als Dunst aus dem Boden steigen. Im Startbereich traf ich einige Bekannte. Es war mein zehnter Marathon, sieben Ultramarathons hatte ich auch schon hinter mir, obwohl ich erst spät mit dem Laufen begonnen hatte.

Dabei hatte ich schon manch einen kennen gelernt. Zum Beispiel Bernhard, einen Meister des Small Talks, der stets seine ‚Spezial-Mütze' trug, die, mit einem Stofflappen versehen, Kopf und Nacken vor der Sonne schützt. Die hat er bei Straßenbauarbeitern in Südostasien kennen gelernt, was er seither gerne erzählt. Auch Harald war da, der kurz darauf selbst einen mehrtägigen Lauf von der Fuldaquelle zur -mündung veranstaltet hat. Und auch Sigi aus Kiel. Wir waren wenige Tage zuvor gemeinsam auf der Ultramarathonstrecke rund um Georgsmarienhütte unterwegs gewesen.

Dabei hatten wir uns verirrt und konnten keine Verpflegungspunkte mehr finden. Um uns zu retten, hatte Sigi hatte tapfer an einer Tür geklopft und nicht nur um Wasser, sondern auch um Brot gebeten.

Heiß war es nachmittags beim Start für die ungefähr 160 Marathonläufer. Zum Glück waren wir bald im schattigen, feuchten Wald mit einer Luft wie im Dschungel. Die Strecke bestand im Wesentlichen aus zwei verschiedenen Schleifen, auf denen sich mittels einer raffinierten Streckenführung insgesamt die erforderlichen 42,195 Kilometer zusammen addierten. Manche Teilstrecken wurden mehrfach durchlaufen, auch in verschiedenen Richtungen. Immer wieder wiesen Pfeile, die während des Laufes neu ausgerichtet wurden, den Weg.

Man konnte sich nicht verirren, wenn man die Augen nur etwas aufhielt. Die Höhendifferenz betrug fast 700 m. Die Anstiege waren unterschiedlich steil, und so war es ein ständiges Auf und Ab und ziemlich anstrengend. Zwischendurch boten sich herrliche Ausblicke ins Tal, auf die Stadt und auf umliegende Berge.

Da ich bereits etliche solcher Läufe absolviert hatte, war ich leider etwas nachlässig bei der Vorbereitung gewesen. Ich hatte die falsche Hose eingepackt. Eine, die nicht richtig saß. Nun, beim Laufen, bewegten sich die Beine von diesem Unding langsam die Oberschenkel hinauf, mussten hinunter gezogen werden, bewegten sich wieder hinauf, und immer so weiter. Mit der Zeit wurde das recht lästig. Im Wald, wo mich keiner sah, ließ ich die Hosenbeine manchmal oben, wo sie dann allerdings die Oberschenkel einschnürten. Und dann ging das Zupfen wieder los. Später im Ziel habe ich die Hose auf den Müll geworfen, auf der Strecke jedoch musste ich mich damit abfinden. Das hat mich Einiges an Zeit gekostet.

So lief ich, an der Hose zupfend, vor mich hin, langsam dem Ziel entgegen. Auf dem letzten Kilometer durch den Bergpark hörte ich schon von weitem laute Stimmen. Jubeltruppen? Nein, eine Gruppe üppiger Frauen hielt johlend auf dem Rasen Picknick, die Unverstandenen von heute? Vielleicht hier zu einer Diät-Kur und dann im Wald heimlich sündigen? Na na, meine Damen.

Der Zieleinlauf war besonders stimmungsvoll. Es ging vom Brunnenhaus die Prachtallee entlang, zwischen Straßencafés hindurch, aus denen heftig applaudiert wurde. Ein hoffentlich letztes Mal arrangierte ich meine Hose. Leider hatte mich die ständige Korrektur der Kleidung zu viel Zeit gekostet, und ich lief erst kurz nach Schluss der Zeitnahme ein. Die Uhr wurde schon abgebaut. So nahm ich mir selbst die Zeit, was brauche ich die Uhren anderer Leute. Ich trug sie später handschriftlich in die Siegerliste ein, damit der Fotograf sein schönes Zielfoto auch darin unterbringen konnte.

Ich bekam eine Flasche Sekt in einer riesigen bunten Manschette. Das Kind in mir freut sich sehr darüber, wie früher beim Gewinn eines Stoffteddy auf dem Jahrmarkt. Allerdings ging ich protestieren wegen des Abbaus der Uhr.

„Ich verstehe Ihren Ärger natürlich," sagte mir der Bursche auf dem Zielpodest. Hier ein Frauenversteher? Nein, nicht wirklich. „Aber die Ausschreibung sieht den Zielschluss nach 5½ Stunden vor." Jetzt war ich beleidigt, war ich doch die einzige Frau über 50 Jahre, die „gefinisht" hatte.

Trotzdem war es irgendwie ein schöner Tag gewesen. Mein Zielfoto mitsamt der Urkunde habe ich erhalten, meine Hose sieht noch ganz ordentlich darauf aus. Mein Protest hat den Veranstalter wohl beeindruckt, denn kurz darauf bekam ich noch eine zweite Urkunde zugeschickt, kahl, ohne Foto, aber mit der Zeit darauf, die ich selbst angegeben hatte.

Sehn-Sucht

von Michael Küppers

Auch in dieser Geschichte geht es um das Thema Kleidung. Dieses Mal allerdings etwas nach unten verlagert in Richtung Schuhwerk. Jeder kennt das, die Sache mit einem Paar Lieblingsschuhen - man möchte sich einfach nicht davon trennen.

Genauso ergeht es, besser gesagt, erging es Michael Küppers mit seinen Laufschuhen. Regelrecht ans Herz gewachsen waren sie ihm, bis es eines Tages einfach nicht mehr ging.

Denn alte Schuhe und alte Füße, das kann nun einmal nicht gut gehen. Michael Küppers erzählt uns von DER schmerzvollen Erfahrung, wenn auf einmal gar nichts mehr geht.

Ich wusste schon, warum sie so schauten. Aber es machte mir nichts aus. Natürlich: Es gab Modelle, die waren modischer. Klar: Es gab Modelle, denen man die Kilometer nicht so ansah. Ich machte mir nichts daraus. Weil die Blicke so verstohlen waren, diese „Was-hat-denn-der-für-Schuhe?" und „Damit-will-der-laufen?"-Blicke.

Diese Laut-Denken-aber-nichts-sagen-Blicke. Man will dem ja nicht auf den Fuß treten, der in diesen Modellen steckt. Nun ist es nicht so, dass sie nicht geeignet waren. Jahrelang hatten sie mich getragen. Rund ums Schloss Rheydt. Kasseler Berge rauf und runter. Über's schneebedeckte und eiskalte Fildern.

Manchmal sind sie sogar mit Rainer Wachenbrunner und dem einen oder anderen Kenianer gelaufen - bis zur ersten Abbiegung („See you later!").

Vielleicht schaute Konny (Konrad Dobler) nun deshalb so. Kannte er sie etwa noch? Nein, nein, kann nicht sein.

Und wenn schon.

Um das klarzustellen: Ich habe jeden Tag genossen. Morgens rund um den See (der

Nebel lag noch schlafend da und gab so ein „Wenn-ich-Zuhause-bin-stehe-ich-wirklich-mal-früh-auf"-Gefühl. Zugegeben, diese Tempoeinheiten waren auch gut – ehrlich. Ich habe mich gut geschlagen.

Obwohl: Die Frauen waren schneller und Wilhelm auch. Aber der ist auch nur über 25 Jahre älter. Das zählt kaum.

Ich fühlte mich gut. Klar, die Gymnastik mit „Adler" zeigte mir meine Grenzen. 21 Jahre Handball, 13 Jahre nichts. Fast nichts jedenfalls.

Ich fühlte mich gut, auch vor dem letzten Zehner. Okay. Es schüttete aus Kübeln. Und die Strecke war ein bisschen bergig. Was im Bayerischen Wald ja auch kein Wunder ist.

Aber ich hatte ja sie, meine Begleiterin, dabei. Triathletin. Durchtrainiert.

Wir liefen wie ein Uhrwerk. Am Streckenrand sagte Winfried: „Super. Weiter so."

Das sagt er eigentlich immer. Oft zumindest. Links kam uns Konny entgegen: „Super. Weiter so."

Und meinte das so. Hat diesmal wohl nicht auf die Schuhe geschaut.

Dann sagte sie plötzlich: „Sorry." Und ließ mich allein. Es schüttete weiter. Und es zwickte.

Konny kam mir wieder entgegen, wohl schon auf der nächsten Runde. „Super. Weiter so." Was er wohl meinte?

Ob ich so jemals ankommen sollte?

Dann sah ich sie da vorne stehen. Mir fiel es ein: „Du siehst das Ziel. So nah. Und es kommt einfach nicht näher."

Alte Läuferweisheit, wenn's weh tut. Nur: Es tat schon nicht mehr weh. Den Schmerz fühlte ich nicht mehr. Ich kam ins Ziel. 55:06. Mit den Schuhen. Bei dem Wetter. Es zwickte wieder. Ich lief weiter. Gehen konnte ich nicht. Das war schlimmer.

Sieben Ärzte und eineinhalb Jahre später:

Kein Wunder, hat der eine gesagt. Bei den Schuhen.

Kein Wunder, hat der nächste gesagt, bei den Füßen.

Kein Problem, hat der eine gesagt, ein paar Spritzen.

Kein Problem, hat der nächste gesagt, gute Einlagen. Und du läufst wie ein junger Gott.

Ein paar Einlagen, Röntgenaufnahmen und eine Kernspintomografie später: Operieren hat der eine gesagt. Auf keinen Fall der andere.

"Was macht die Sehne?" fragen die Freunde.

Die hat Sucht, sage ich.

Nach Laufen.

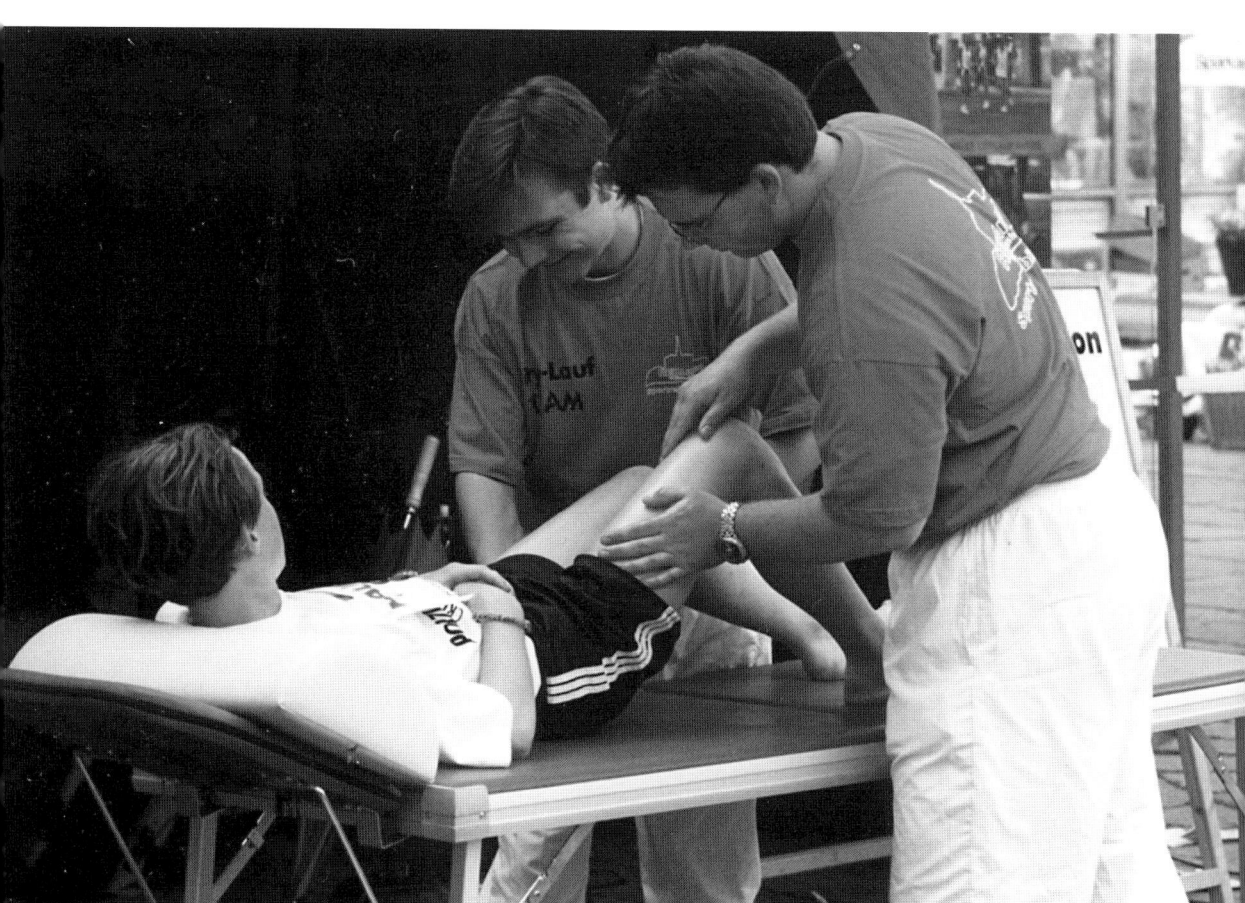

Die Unterhose

von Bernhard Hennig

Die passende Kleidung, besser gesagt, die unpassende Kleidung, ist immer wieder Anlass für so manche Panne unterwegs. Und je länger die Strecke, desto größer werden dann die Schwierigkeiten.

Wenn nicht, so wie in der folgenden Geschichte, freundliche und mitfühlende Mitmenschen selbstlos Hilfe leisten.

Solch eine glückliche Unterstützung erfuhr Walter bei seinem Rennsteiglauf-Debut. Und dort, auf den cirka 75 Kilometern, die laufend zu bewältigen sind, wären die Probleme ansonsten sicherlich riesengroß geworden.

Erzählt wird die Begebenheit von Bernhard Hennig aus Wutha-Farnroda.

Im Jahre 1990 lernte ich durch einen Zufall eine Gruppe Berufsschullehrer aus Coesfeld/ Westfalen kennen. Ich selbst war an einer Berufsschule in Eisenach tätig. Mit großem Vergnügen brachte ich den Coesfeldern die Schönheiten Eisenachs und der Wartburg näher.

Zu dieser Lehrergruppe gehörte auch Walter aus Münster. Schnell kam das Gespräch auf unsere gemeinsame Freizeitbeschäftigung, das Laufen.

Mir gelang es, Walter für den Rennsteiglauf zu interessieren, der jährlich im Mai ausgetragen wird und Tausende von Läuferinnen und Läufern auf Strecken bis hin zu 75 Kilometern anlockt.

Gesagt, getan. 1991 war es dann tatsächlich soweit. Walter stand mit etwa 1.000 Unentwegten in aller Herrgottsfrühe am Start auf der Hohen Sonne bei Eisenach, um den langen Kanten bis nach Schmiedefeld hin zu bezwingen.

Ich selbst konnte nicht mitlaufen, da ich mich bereits seit geraumer Zeit mit einer Bandscheibengeschichte herumplagen musste. So wartete ich beim Kilometer 14 am Dreiherrenstein bei Ruhla auf das Läuferfeld und natürlich in erster Linie auf Walter.

Bald sah ich ihn herannahen. Stöhnend und schimpfend erklomm er die Steigung bis zu meinem Standort und klagte über wundgelaufene Innenseiten der Oberschenkel. Grund dafür war offensichtlich die falsche Wahl seiner Laufhose. Glatt wollte er aus dem Rennen aus- und in meinen Trabant einsteigen. Ich munterte ihn auf und beschwor ihn, wenigstens bis zur Grenzwiese am Kleinen Inselsberg zu laufen. Bis dahin wollte ich mir etwas einfallen lassen.

Mit „Volldampf" raste ich nach Brotterode, der am nächsten gelegenen Kleinstadt, und klingelte den Inhaber des ansässigen Sportgeschäftes aus der Wohnung, noch lange vor der regulären Öffnungszeit. Zum Glück hatte er auch gleich Verständnis für das Problem und verkaufte mir bereitwillig eine Laufhose in der Größe XXL.

Damit düste ich weiter zum vereinbarten Treffpunkt am Kleinen Inselsberg.

Lange musste ich warten, bis Walter in Sicht kam. Weit hinten im Läuferfeld stapfte er den Inselsberg bis zur Grenzwiede herab. Er sah aber mittlerweile wesentlich verändert aus - jetzt trug er eine knallweiße, gerippte, lange Unterhose. Plötzlich rief neben mir eine Frau erstaunt:

„Der da, der hat ja die Hose von meinem Mann an!"

Das stimmte wohl, denn ein freundlicher Sportkamerad, der vermutlich mit größerer Kälte rechnete, hatte Walter die Hose unterwegs auf der Strecke geschenkt, als er dessen Probleme bemerkt hatte. Bis heute ist allerdings völlig unklar, woran die Frau die Hose ihres Mannes erkannt hatte. Walter zog sich seinerzeit dann doch lieber die neue XXL-Laufhose an, und absolvierte die gesamte Strecke ab da erfolgreich und ohne größere Schwierigkeiten.

Die weiße Unterhose allerdings, die wurde, nach dem Waschen natürlich, als Rennsteigsouvenir beschriftet. Sie hängt seitdem in Walters Arbeitszimmer, zuhause in Münster, über dem Schreibtisch.

Ab und Auf beim Citylauf

von Manfred Krahnert

Happy Birthday Citylauf. Speziell auf das 25. Jubiläum dieses Internationalen Laufereignisses in Kassel wurde der Erscheinungstermin dieses Buches gelegt. Somit ist klar, dass auch eine Begebenheit zu der Geschichte dieses Laufes nicht fehlen darf.

Genau solch eine Geschichte erreichte uns aus Berlin von Manfred Krahnert. Jeder wird sich sicherlich noch an seinen ersten Start bei einem Laufwettbewerb erinnern. An die quälende Ungewissheit, ob das absolvierte Training ausreichen wird, die Strecke zu bewältigen. An die Frage: „Wie werde ich wohl das Ziel erreichen? Erreiche ich es überhaupt?"

Und zu solch einem Erstlingslauf brachen einstmals im Jahre 1985 gleich fünf Mannen aus dem flachen Berliner Land in die bergige Region in und um Kassel auf. Anschaulich schildert Manfred Krahnert, was einem da so geschehen kann. Mittlerweile, als gestandener Citylauf-Kenner mit 17 Starts bei diesem Laufereignis, kann ihn Kassel allerdings nicht mehr so leicht aus der Ruhe bringen.

Im April 1985 legte man mir ein Fernschreiben der Polizei aus Kassel auf den Tisch. Ich war zu dieser Zeit Sportkontakter des Polizeiabschnittes 45 Berlin. Ein Sportkontakter ist der Verbindungsmann zum Sportreferat der Berliner Polizei. In diesem Fernschreiben wurde für die Teilnahme von Polizisten am Polizei-Cup-Lauf im Rahmen des Kasseler Citylaufes geworben.

Aufgrund des Fernschreibens befragte ich die Hobbyläufergruppe des Abschnittes 45, ob Interesse an einer Teilnahme bestehe. Etwas nachdenklich schauten die Hobbysportler schon, doch der Hinweis, die Strecke durch die Kasseler Innenstadt sei durchweg eben, gab schließlich den Ausschlag für die Teilnahme. Etwas aufgeregt fuhren wir gemeinsam nach Kassel. Direkt nach unserer Ankunft wurde die Laufstrecke besichtigt. Aber, oh Schreck, diese zeigte sich nicht so topfeben, wie erwartet, sondern es gab sehr wohl eine Steigung, wenn auch nur kurz.

Krisenstimmung machte sich breit. Einige wollten gar nicht starten. Mit Mühe konnten Günter Olbrich und ich die anderen doch noch überzeugen, beim Lauf zu starten.

Und so kam es zum Start von uns fünf Berliner Hobby-Läufern im Polizei-Cup. Natürlich hatten wir gegen die gut trainierten Teilnehmer aus den anderen Bundesländern keinerlei Chance. Runde um Runde kämpften wir uns über die Strecke und trotzten der Steigung. Wir kamen allesamt auf den letzten Plätzen ins Ziel. Der Letzte von uns Letzten, Bernd Vollrath, prägte nach dem Lauf den Spruch: „Ich habe heute 96 Polizeibeamte vor mir hergetrieben!"

Dieser Spruch hat bei uns bis heute seine Gültigkeit.

Doch obwohl wir nicht zu den Siegern gehörten, hatten wir viel Spaß bei dieser Veranstaltung. In den folgenden Jahren haben wir dem Kasseler City Lauf, weil es uns gut gefallen hatte, stets die Treue gehalten, und noch manch anderen Kollegen im Lauf der Jahre auf die ‚Bergstrecke' mitgebracht.

Verlaufen

von Walter Bohnes

Gibt es etwas Schöneres, als im lockeren Jog mit einem Freund neben sich
durch die Wälder zu streichen, vertieft in angeregtes Geplauder?
So schön dies ist, man sollte dennoch den Weg nicht aus den Augen verlieren.
Sonst passiert genau das, was Walter Bohnes mit seinem Freund Björn Reise
einst widerfuhr.

Es war im Spätherbst des Jahres 1998. Björn und ich hatten uns zu einem zweieinhalb-Stunden-Trainingslauf verabredet und waren früh genug losgelaufen, um pünktlich um 12 Uhr zum Mittagessen zurück zu sein.

Trainingsort war der Habichtswald, unser angestammtes Laufrevier. Hier kannten wir uns aus. Handy, Ausweispapiere, Geld - brauchten wir nicht. Was sollte uns hier schon passieren. So machten wir uns auf den Weg, bei optimalen Wetterbedingungen und in hervorragender Stimmung. „Schnuddeln", unterhalten war angesagt!

466 über NN nahmen wir im Vorbeilaufen, über die alte Kohlenstrasse in Richtung Fuldatal.

Wir fühlten uns prächtig, wie echte Waldläufer, und genossen die uns umgebende Natur in vollen Zügen.

Als alte Hasen hatten wir alles im Griff und rechneten mit Einem überhaut nicht - der Gefahr von zu viel angeregter Unterhaltung. Vorbei an der Bahnlinie, sahen wir es bereits zwischen den Bäumen schimmern. Die Fulda musste bald erreicht sein.

Doch welch eine Fehlbeurteilung. Der Fluss, den wir nach eineinhalb Stunden Laufens erreichten, das war überhaupt nicht die Fulda. Viel zu breit und auch mit gänzlich unbekannten Ufern – wir hatten uns verlaufen. Unser Wald-Dauerlauf endete an der Weser.

Unsere Enttäuschung war riesig, die Akkus leer, und der Weg nach Hause mit einem Mal sehr weit. An ein Mittagessen um zwölf Uhr war nicht mehr zu denken.

Was tun?

Zum Glück fanden wir Hilfe, und konnten somit meine Frau Lilo telefonisch erreichen. Wir verabredeten einen Treffpunkt, wo sie uns einsammeln konnte.

Müde trabten wir Richtung Weserstein in Hann. Münden, dort, „wo Fulda sich und Werra küssen, sie ihren Namen büßen müssen..."

An der Pioniersbrücke in Hann. Münden war unser ‚Leidenslauf' zu Ende.

Selten hat Lilo zwei so müde und stille Läufer nach Hause gefahren.

Am Rande

von Gisela Külzer

Zum Abschluss dieses Buches einige Gedanken zum Marathonlauf von einer, die nicht selbst aktiv läuft, und dennoch diesen Sport liebt. Gisela Külzer aus Frankfurt hat den Laufsport durch Familienmitglieder und Freunde kennen gelernt. 1927 in Schlesien geboren, lernte sie sehr früh, wie schön und wichtig es ist, gut zu Fuß zu sein. Hätte sie früher zu diesem Sport gefunden, wäre sie sicherlich eine begeisterte Läuferin geworden. Nun, als eine begeisterte Zuschauerin ist sie uns genauso lieb.

In meiner Kinder- und Jugendzeit ist man sehr viel gelaufen. Fast jeden Sonntag wurde gewandert, oft viele Kilometer, aber das war damals notwendig, weil es noch keinen oder kaum öffentlichen Verkehr gab.

Vier bis fünf Stunden Fußmarsch waren keine Seltenheit.

Auch zur Schule liefen wir manchmal freiwillig, um ein paar Pfennige Fahrgeld zu sparen und dadurch das Taschengeld aufzubessern.

Gelegenheiten und Notwendigkeiten zu Laufen gab es also viele.

Marathon oder Laufen als Volkssport gab es damals in den dreißiger Jahren noch nicht. Dies war seinerzeit noch den Sportlern vorbehalten.

Und nun stehen wir am Rande dabei und dürfen miterleben, mit welcher Freude und Begeisterung betrieben das Laufen eine Massenbewegung geworden ist.

Und diese Begeisterung erfasst auch uns Zuschauer, wenn wir vom Straßenrand die Läuferinnen und Läufer anfeuern und ihren grenzenlosen Jubel beim Zieleinlauf miterleben dürfen.

Das ist aber nicht alles, was wir vom Rande miterleben können. Bereits Wochen vor dem Marathonlauf beginnt auch für uns, die Angehörigen von Marathonis, die Vorbereitung auf den großen Lauf.

Auf jede Information wird geachtet. Zeitungsartikel werden fein säuberlich ausgeschnitten, alles was von Interesse sein könnte gesammelt, und den Läufern zugesandt.

Richtig spannend wird es, wenn die Marathonmesse in Frankfurt die Tore öffnet. Es macht unendlich viel Spaß, sie zu besuchen, und die Freude und den Geist derer mit zu erleben, die zusammen kommen und fachsimpeln.

Wir sammeln Informationen, Angebote und Ausschreibungen für unsere auswärtigen Läufer ein, denn bis die hier eintreffen werden ist Vieles vergriffen.

Also schleppen wir volle Plastiktüten quer durch die Hallen.

Überall fröhliche und erwartungsvolle Gesichter. Wir suchen die Nähe der Läuferinnen und Läufer, freuen uns, wenn wir auf den langen Bänken im Rund neben Ihnen Platz nehmen und uns bisweilen am Gespräch beteiligen können.

Ich habe nie erlebt, dass es einen Streit oder böse Worte dort auf der Marathonmesse gibt.

Manchmal übernachten einige Läufer bei uns in Frankfurt. Dann ist die Nacht unruhig, denn die reichlich zugeführten Getränke, die zur Vorbereitung auf den Lauf gehören, müssen ja auch den Körper wieder verlassen. Die ganze Nacht rauscht dann wie ein Wasserfall die Spülung der Toilette.

Einmal verließen uns des Morgens unsere Läufer, aufgeregt und ohne Frühstück. Plötzlich durchfuhr uns ein Schrecken. Da stand doch tatsächlich, einsam, verlassen und vergessen, noch ein Paar Laufschuhe im Flur. Wir überlegten, was zu tun sei, denn Handys waren zu der Zeit noch nicht so verbreitet wie heute. Wir konnten nur warten, bis die Läufer den Verlust von selbst bemerkten und zurückkamen. Also postierte Vater sich, das Laufschuhpaar in der Hand, am Gartentor und wartete. Und tatsächlich, es dauerte nicht lange und das Auto kam wieder in Sicht. In fliegendem Wechsel wurden die Schuhe durch das geöffnete Fenster ins langsam vorbei fahrende Auto gereicht. Nur keine Zeit war zu verlieren. Es klappte alles auf das Beste, und der Marathonlauf war gerettet.

Ich war schon bei einigen Läufen unter den Zuschauern, und ich habe noch nie erlebt, dass es zu Störungen kam. Es gab keinerlei Unruhen, Beschädigungen oder Ärger und andere unliebsame Zwischenfälle.

Ein Marathonlauf ist die schönste und friedlichste Veranstaltung, die man sich nur denken kann.

Ein Hoch dem Marathonlauf.

Haben auch Sie etwas zu erzählen?

Viele, die dieses Buch gelesen haben, mögen jetzt denken:

„Wenn ich das nur früher gewusst hätte..."
...weil es bei Ihnen auch schon einmal so richtig ‚Dumm Gelaufen' ist.

Zögern Sie nicht länger.
Schreiben Sie Ihre Geschichte auf und schicken Sie diese an uns.

Dann kann es vielleicht schon bald heißen:

Dumm Gelaufen ...

und alle rennen weiter

Wir freuen uns auf Ihre Zusendung.

Geschichten, Fotos, Anekdoten bitte an

Christoph Külzer-Schröder
Weidenweg 23
34292 Ahnatal
kuelzer-schroeder@literatur-illustration.de

oder

Agon Sportverlag
Frankfurter Straße 92a
34121 Kassel
info@agon-sportverlag.de

Herausgeber

Aufenanger, Winfried

Im Juni 1977 wurde in Kassel von zwölf Sportlern aus verschiedenen Vereinen die Leichtathletikabteilung im PSV Grün-Weiß Kassel gegründet. Darunter - Winfried Aufenanger, Jahrgang 1947. Bald wurden erste spektakuläre Erfolge erzielt. Durch Winfried Aufenangers unermüdlichen Einsatz und die erzielten Erfolge, wurde schnell der Deutsche Leichtathletikverband auf ihn aufmerksam, und ernannte ihn 1980 zum Marathon-Bundestrainer. Diese Aufgabe nahm er über 20 Jahre hinweg mit Erfolg wahr. Zu den von ihm betreuten Athlethen gehörten Ralf Salzmann, Konrad Dobler, Herbert Steffny, Martin Grüning, Stefan Freigang, Carsten Eich und viele mehr. Auch heute noch ist Winfried Aufenanger eine bekannte und geschätzte Kapazität in der Welt der Leichtathletik. Beruflich leitet er das zweite Polizeirevier in Kassel. In Kassel und Umgebung kennt man ihn auch als ‚Mister Citylauf‘. Winfried Aufenanger trägt als Organisationschef des Kasseler Citylaufes die Hauptverantwortung dafür, dass diese Sportveranstaltung mittlerweile zu einem über Nordhessen hinaus bekannten Topevent mit internationaler Beteiligung geworden ist. Punktgenau zum 25. Jubiläum dieses Laufereignisses erschien das vorliegende Buch.

Külzer-Schröder, Christoph

Nach dem erfolgreichen Laufbuchdebüt mit Abenteuer Marathon So spannend kann Laufen sein ist das vorliegende Buch Dumm Gelaufen nun das neue Ergebnis der literarischen Beschäftigung von Christoph Külzer-Schröder mit dem Thema Laufen

Christoph Külzer-Schröder, im Jahre 1957 in Frankfurt am Main geboren, zog mit seiner Familie 1992 nach Ahnatal im Landkreis Kassel. Vorher nur Gelegenheitsläufer, entdeckte er hier richtig seine Liebe zum Laufsport. Seither hat er als aktiver Läufer an zahlreichen Laufveranstaltungen über die unterschiedlichsten Distanzen teilgenommen. Genauso wichtig wie der sportliche  Wettkampf ist ihm, sich vor allen Dingen die Freude am Laufen und den Spaß an der Bewegung in der Natur mit all ihren Eindrücken zu erhalten, um noch viele Jahre aktiv dabei sein zu können.

Illustrationen:

Schröder, Inka

aus Ahnatal-Weimar, ist Werbe- und Gebrauchsgrafikerin mit den Arbeitsschwerpunkten Malerei sowie Buchillustrationen.

Selbst zeitweilige Joggerin ohne Leistungssport-Ambitionen, hat sie als Begleiterin bei vielen Laufveranstaltungen eine Menge Beobachtungen vom Sein und Schein in der Laufszene gemacht. So sind mit einem Augenzwinkern und lockerer Hand Illustrationen zu verschiedenen Geschichten des Buches ‚Dumm Gelaufen' entstanden.

Autoren:

Böhlke, Traugott

51 Jahre alt, stammt aus Wilhelmshaven und ist dort mit viel Engagement als Lehrer tätig.

Eigentlich hatte er nie damit gerechnet, einmal zum Ausdauersportler zu werden, bis er vor 12 Jahren das Laufen für sich entdeckte und mittlerweile eine Marathon-Bestzeit von 3 Stunden 40 Minuten vorweisen kann. Und damit nicht genug, hat er sich auch beim Schwimmen dem Ausdauersport verschrieben. Einmal jährlich schwimmt er mit ungefähr 100 anderen Unentwegten von der ostfriesischen Insel Langeoog hinüber zum Festland - etwas mehr als 10 Kilometer. Ein besonderes Anliegen ist ihm der Terry-Fox-Lauf, eine Benefiz-Laufveranstaltung zugunsten der Kinderkrebsforschung. Dieser Lauf wird seit fast 20 Jahren im September weltweit an vielen Orten durchgeführt. Allein in Wilhelmshaven bringt dieses Laufereignis zwei- bis dreitausend Läuferinnen und Läufer auf die Straße.

Bohnes, Walter

aus Espenau-Mönchehof kann bereits jetzt auf ein reiches Läuferleben zurückschauen. Geboren im Jahr 1934 begann er aktiv Sport zu treiben im Jahr 1953 beim SUS Northeim. Neben seinen vielen ehrenamtlichen Tätigkeiten im Sportbereich ist er auch als aktiver Sportler über die Jahre hinweg in diversen Vereinen in Nordhessen erfolgreich gewesen. Zahlreiche Bundes- und Landesmeistertitel im Senioren Bereich zählt er in seiner Erfolgsstatistik auf.

Neben dem Sport und seinem Engagement beim Lauftreff in Espenau betreibt der Vater und fünffache Großvater die Familien-Chronik als Hobby, interessiert sich für Militärgeschichte und für Land und Leute.

Daniek, Annette

geboren im Jahr 1976, wohnt seit 1998 in Kassel und entdeckte dort 1999 ihre Freude am Laufen. Häufig trifft man sie beim Training auf ihren Lieblingsstrecken an der Fulda und in der Aue. Aber auch an zahlreichen Wettkämpfen, vornehmlich in der Region Nordhessen, hat Annette Daniek bereits teilgenommen.

Die Kurzgeschichte ‚Die Last mit dem Lästern' ist ihre erste Veröffentlichung.

Grüning, Martin

Jahrgang 1962, ist seit 1994 Redakteur von RUNNER'S WORLD. Er zählte von Mitte der achtziger bis Mitte der neunziger Jahre zu den besten deutschen Marathonläufern. Seine Bestzeit lief er im Jahre 1990 in Houston in 2:13:30 Stunden. Damals wurde er von Winfried Aufenanger trainiert. In den Jahren 1989, 1991 und 1993 nahm er als Mitglied der deutschen Nationalmannschaft für den DLV am Marathon-Weltcup teil.

Der dreifache Familienvater Martin Grüning veranstaltet regelmäßig Seminare und hat bereits zahlreiche Bücher zum Thema Laufen und Lauftraining verfasst

Günther, Bernd

Jahrgang 1951, ist seit seiner frühen Jugend aktiver Sportler und über Fußball und Triathlon schließlich beim Laufen gelandet.

Seit einigen Jahren startet der Unternehmer aus Kassel für das Laufteam Hotzenplotz und nimmt regelmäßig an Veranstaltungen bis hin zur Marathondistanz teil.

Für Bernd Günther steht allerdings nicht die gelaufene Zeit, sondern die Freude am Laufen, an den Eindrücken der umgebenden Natur und der Gedanke des Fit Haltens im Vordergrund. So wundert es nicht, dass er als Lieblingslauf eine Veranstaltung nennt, wo es vor allen Dingen darauf ankommt, die herrlichen Eindrücke tief in sich aufzunehmen - den jährlich im März stattfindenden Syltlauf von Hörnum nach List über 33,333 Kilometer.

Prof. Dr. Hasenpusch, Wolfgang

stammt aus Hanau und ist dort in der Sport- und Laufszene aktiv als Übungsleiter und Lauftreff-Betreuer. Mit über achtzig absolvierten

Marathonläufen, fünf 100 Kilometer-Märschen, dem 200-Kilometer Holland-Marsch und 37 Sportabzeichen kann er viel Erfahrung weitergeben und hat eine Menge läuferisch Kennen gelernt. Befragt nach seinem Lieblingslauf nennt er spontan als ‚Highlight' den Nacht-Marathon in Marburg.

Hennig, Bernhard

läuft seit 30 Jahren und ist Mitglied im SV Hainich Mihla. Der Hainich, als erster Thüringer Nationalpark, bietet herrliche Möglichkeiten zum Laufen, Biken, aber auch anderen Sportarten wie dem Drachenfliegen. Jährlich findet dort der Hainichlauf statt, der durch die sehenswerte Landschaft führt und ausgesprochen anspruchsvoll und profiliert ist. Wer Näheres hierzu wissen möchte, der sollte sich unter www.hainichlauf.de ein wenig umschauen.

Herms-Lübbe, Elisabeth

stammt aus Kassel und läuft im Verein LG Vellmar. Zu ihren Lieblingsstrecken befragt, unterscheidet sie diese nach Training und Wettkampf. Im Training läuft sie am Liebsten im wunderschönen Schlosspark in Kassel-Wilhelmshöhe. Obschon sie ihren schnellsten Marathon im Jahr 2001 in Frankfurt in 4:30:34 Stunden lief, ist ihre Lieblingsstrecke der Advents-Marathon in Arolsen. Und wenn es noch etwas länger sein soll als die Marathondistanz, dann bevorzugt Elisabeth Herms-Lübbe es, an der Harzquerung teilzunehmen.

Hümpfner, Hannelore

geboren 1950 in Frankfurt am Main, ist wohnhaft in Johannesberg in Unterfranken. Sie ist seit der Jugend sportlich aktiv und seit 1998 Läuferin und Teilnehmerin an einigen Marathonläufen sowie zahlreichen Volks- und Cityläufen und etlichen Halbmarathonläufen.

Bei der Wintercross-Serie in Goldbach/Ufr. im Jahr 2002/2003 wurde sie Altersklassensiegerin LW50 sowie bayerische Berglaufmannschaftsmeisterin/Rhön im Jahre 2002. Vereinsmitglied ist sie im LuT Aschaffenburg

Ihre Lieblingsstrecke sind die Trainingsrunden im schönen Landschaftspark Schönbusch in Aschaffenburg - auch als bayerisches Nizza bekannt.

Iffert, Friedrich

Jahrgang 1944, ist seit vielen Jahren Mitglied und Abteilungsleiter des PSV Grün-Weiß Kassel. Der ehemalige Fleischermeister kann als wahrer Vielläufer bezeichnet werden, denn er läuft und läuft und läuft. 128 Marathonläufe hat er bereits bestritten. Seine Bestzeit über diese Distanz liegt bei 3:06:56 Stunden, über die 100-Kilometer Distanz hält Friedrich Iffert eine Bestzeit von 8:54:00 Stunden. Nach seiner Lieblingsstrecke befragt, kam die eindeutige Aussage:

„Überall in Deutschland wo Marathon gelaufen wird, da fühle ich mich wohl!"

Kocou, Lydia

stammt aus Bad Homburg und startet für den Offenbacher LC. Von Beruf ist sie Erzieherin und begann mit dem Laufen bereits im Alter von 16 Jahren. Somit kann Lydia Kocour, mit nunmehr 29 Jahren, schon auf eine Lauferfahrung von 13 Jahren zurückgreifen. Über die Marathondistanz hält sie gegenwärtig eine Bestzeit von 3:48.09 Stunden, die sie im April 2001 in Leipzig lief.

Krahnert, Manfred

stammt aus Berlin und ist dort Mitglied im Polizei-Sport-Verein Berlin. Der mittlerweile pensionierte Polizei-Hauptkommissar ist ein Fan des Laufsports, seit er im Jahre 1985 zu seinem ersten Laufwettbewerb antrat. Es handelte sich damals um den Kasseler Citylauf. Als mittlerweile erfahrener Läufe hat er seitdem keinen der Cityläufe mehr ausgelassen. Auch sonst ist er bei den verschiedensten Wettkämpfen zu finden. Damals wie heute sind seine Lieblingsdistanzen die 5 bis 10 Kilometerläufe, sowohl auf der Strasse als auch im Crosslauf. Wenn er nicht läuft, bevorzugt Manfred Krahnert es, zu Reisen.

Küppers, Michael

Jahrgang 1958, ist Redaktionsleiter bei einer Sonntagszeitung am linken Niederrhein. Zur Zeit ist er Läufer im Wartestand wegen eines Achillessehnenrisses. Michael Küppers ist Pressesprecher des Kasseler Citylaufs und des ATP-Weltranglistenturniers „Wilhelmshöhe Open" in Kassel. Veröffentlicht hat er bereits mehrere Jahrbücher über den Eishockey-Club EC Kassel (Huskies).

Hobbys: Eishockey (passiv), Laufen (wenn's wieder geht), Lesen und (so was gibt's): der Job

Külzer, Gisela

wurde im Dezember 1927 in Peterswaldau im Eulengebirge in Schlesien geboren. Von Kindesbeinen an wanderte sie mit ihrer Familie im Sommer fast jeden Sonntag durch die herrlichen Wälder des Eulengebirges. Oft waren sie viele Stunden unterwegs, allerdings wandernd, denn Laufen war zu dieser Zeit als Breitensport noch nicht populär. Mit zunehmendem Alter kann sie keine großen Touren mehr unternehmen, aber es vergeht kein Tag an dem sie nicht unterwegs ist.

Gisela Külzer hat bereits zahlreiche Artikel veröffentlicht, vornehmlich über die Geschichte ihrer Heimat Schlesien.

Leidner, Gabi

Jahrgang 1962, startete im Jahr 1999 durch und ist seitdem läuferisch aktiv und für „passt-schon98" am Start. Die engagierte Läuferin – von der allerdings manche behaupten, sie laufe nur wegen der Kuchentheken nach den Wettbewerben - widmet sich dem Laufsport ebenso engagiert auch auf schreibende Art und Weise.

So hat sie als Co-Autorin am Buch Laufen in Frankfurt mitgewirkt, welches im Oktober 2002 erschienen ist. Wer mehr von Gabi Leidner lesen möchte, dem seien auch die folgenden Hotlinks empfohlen:

www.frau-werwolf.de, www.passtschon98.de. und natürlich www.laufreport.de, wo regelmäßig Kolumnen und Reportagen von ihr erscheinen.

Leimbach, Theo

Jahrgang 1949, stammt aus Immenhausen-Holzhausen. Der Vater zweier erwachsener Söhne ist Hauptkommissar bei der Bereitschaftspolizei in Kassel. Seine größten sportlichen Erfolge sind mehrere Deutsche Polizei-Meister-Titel. Über die 3000-Meter Hindernis Distanz wurde Theo Leimbach 1973 Vize-Polizei-Europameister und

Gabi Leidner

lief dabei die 3000 Meter Hindernis in einer Zeit von 8:35,4 Minuten, der damals viertschnellsten von einem Deutschen je gelaufenen Zeit über diese Distanz. 1974 nahm er an der ersten Cross Weltmeisterschaft in Monza, Italien, teil. Als langjähriges Mitglied des PSV Grün-Weiß, in dem er lange Zeit Abteilungsleiter war, ist Theo Leimbach Mitorganisator des Kasseler Citylaufes.

Mann, Lothar

Jahrgang 1952 und Vater zweier Söhne, war über viele Jahre hinweg erfolgreicher Leichtathlet. Über die Leichtathletik kam er zu weiteren Sportarten wie dem Skilaufen und dem Bergsteigen. Für seine sportlichen Erfolge wurde er mehrfach ausgezeichnet.

So wurde er Hessenmeister im Mannschafts-Crosslauf sowie Deutscher Polizeimeister der Mittelgebirgler im Biathlon. Die Marathon-Bestzeit von Lothar Mann liegt bei 2:24:46 Stunden und wurde von ihm 1980 in Paris gelaufen. Über seine vielfältigen Erfahrungen in verschiedenen Bereichen des Sportes erschien von Lothar Mann im Jahr 2001 das Buch ‚Und ewig lockt die Herausforderung - Abenteuer von Grönland bis zum Mount Everest'.

Möller, Udo

Jahrgang 1960, stammt aus Hannover und ist tätig als Pressesprecher, Sportjournalist und Fotograph. Bislang nahm er an 118 Marathonläufen teil und erreichte über diese Distanz eine Bestzeit von 2:38:22 Stunden.

Außerdem bestritt Udo Möller schon diverse Ultraläufe und hält über die Strecke von 100 Kilometern eine persönliche Bestzeit von 8:13:59 Stunden. Wer mehr von Udo Möller lesen möchte, der sollte wissen, dass er regelmäßiger Mitarbeiter beim SPIRIDON LAUFMAGAZIN ist.

Rausch, Peter

Jahrgang 1946, ist seit seiner Kindheit eng mit dem Sportgeschehen seiner Heimatstadt Kassel verbunden. Nicht nur als aktiver Sportler , sondern auch als Vereinsfunktionär, Übungsleiter und Kampfrichter war er über Jahrzehnte hinweg tätig und hat die Leichtathletik-Abteilung des PSV Grün-Weiß Kassel über viele Jahre hinweg geleitet. Nicht nur beim Laufen, sondern auch bei Skimarathonveranstaltungen und Triathlonwettbewerben suchte er seine sportlichen Herausforderungen.

1986 erschien von ihm das Buch ‚Fit bis zum Umfallen'. Hierin erzählt Peter Rausch in humorvoller Weise und mit spitzer Feder von vielen Eindrücken und Erlebnissen aus der Welt des Sports.

Siebrecht, Günter

ist geboren am 23.01.1942, wohnhaft in Ahnatal, und von Beruf Landschaftsarchitekt. Im Laufe der Jahre hat er an bislang fünfzehn Marathonläufen teilgenommen. Seinen Schnellsten lief er in Neuf-Brisach in 2:57:14 Stunden. Wenn Günter Siebrecht nicht läuft, widmet er sich hobbymäßig auch gerne dem Radfahren und der Imkerei. So radelte er im Jahr 2002 in Norwegen die Strecke von Trondheim bis nach Oslo in einem Stück. Für die 540 Kilometer benötigte er 26:11:47 Stunden.

Schmidt, Ralf

dessen Geschichte in den Wäldern um den Winterstein (Taunus) nahe Friedberg spielt, erklärt diese Gegend zu seinem bevorzugten Laufgebiet. Dort richtet der ASC Marathon Friedberg, in dem Ralf Schmidt Mitglied ist, alljährlich am dritten März-Wochenende den anspruchsvollen Landschaftslauf ‚Rund um den Winterstein' aus. Die berühmte 42,195 Kilometer-Strecke hat er bislang siebenmal bewältigt.

Abgesehen von dem Mitteilungsblatt seines Vereines, für das er zuständig ist, ist dies die erste Veröffentlichung von Ralf Schmidt.

Westphal, Uwe

geboren 1955, ist seit vielen Jahren aktiv als Sportler und startet regelmäßig bei den verschiedensten Laufveranstaltungen. Häufig ist er auch bei Radwettbewerben, insbesondere bei Mountainbike-Veranstaltungen anzutreffen. Ein weiteres Hobbys des dreifachen Familienvaters ist das Motorradfahren und die Schrauberei an klassischen Motorrädern.

Beruflicher Schwerpunkt des Diplom-Sozialpädagogen ist die Seniorenarbeit in seiner Heimatgemeinde Ahnatal. Als Projektleiter hat er etliche Bücher zur Geschichts- und Erinnerungsarbeit mit verfasst und betreut.